111 Engel

Sabine Fels

Lichtdiamant-Verlag
Geschenke für die Seele

111 Engel

Heilsame Impulse
für einen spirituellen Alltag

von
Sabine Fels

Die in diesem Buch vorgestellten Übungen sind für psychisch stabile Personen gedacht. Sie ersetzen weder ärztlichen Rat und ärztliche Hilfe noch Psychotherapie. Eine Haftung der Autorin und des Verlages für etwaige Schäden, die sich aus dem Gebrauch oder Missbrauch des Buches, der Übungen und Texte ergeben, ist ausgeschlossen.

© 2014 Lichtdiamant-Verlag, Essen

Einbandgestaltung: Sabine Fels

Bildrechte:
Diamant: Sumire8/Shutterstock.com, Sonne: OpenClips/Pixabay.com, Photosani/Fotolia (S. 11), Szefei/Shutterstock (S. 16, 17), Beboy/Shutterstock (S. 9, 20), Yellowj/Shutterstock (S. 9, 36), Nemeziya/Shutterstock (S. 9, 54), Smileus/Shutterstock (S. 9, 76), Artens/Shutterstock (S. 9, 98), Lvv/Shutterstock (S. 9, 118), Dudarev Mikhail/Shutterstock (S. 9, 144)

1. Auflage 2014

ISBN 978-3-945485-21-7

Alle Rechte der Verbreitung, auch durch Funk, Fernsehen und sonstige Kommunikationsmittel, der fotomechanischen oder vertonten Wiedergabe sowie des auszugsweisen Nachdrucks vorbehalten.

Inhaltsverzeichnis

1. Engel sind wundervoll — 7

    Wie 111 Engel dir im Alltag zur Seite stehen — 7
    Sieben große Lebensthemen — 8
    Auch du bist Licht – Chakra und Aura — 11

2. So wählst du deinen Engel für den heutigen Tag — 14

    Erschaffe einen heiligen Raum — 14
    Sprich deine Absicht aus — 14
    Wähle einen Engel mithilfe der Zahlenübersicht — 15
    Empfange die Engelbotschaft — 15
    Lasse dich vom Engel begleiten — 18
    Kurzanleitung — 18

3. 111 Engel für dich — 19

Erde dich und erfülle dir deine Wünsche — 21

1 Der Engel der Erlaubnis
2 Der Engel der grünen Kraft
3 Der Engel der Erdverbindung
4 Der Engel der natürlichen Bedürfnisse
5 Der Engel der Vorfahren
6 Der Engel des äußeren Reichtums
7 Der Engel des Herbstes
8 Der Engel der Mutter Erde
9 Der Engel des gesunden Lebens
10 Der Engel des Heims
11 Der Engel aller Berge

Komme in die Freude und genieße dein Leben — 37

12 Der Engel der Erholung
13 Der Engel des Glücklichseins
14 Der Engel der Sicherheit
15 Der Engel der Harmonie
16 Der Engel des weiblichen Prinzips
17 Der Engel der Entspannung
18 Der Engel des heilenden Segens
19 Der Engel der Selbstfürsorge
20 Der Engel der Zärtlichkeit
21 Der Engel der Selbstsicherheit
22 Der Engel der Bewegungsfreude
23 Der Engel der Abenteuerlust
24 Der Engel des sinnlichen Vergnügens
25 Der Engel der Geborgenheit
26 Der Engel des Mutes
27 Der Engel des fließenden Wassers

Entwickle deine persönliche Kraft und freue dich über deine Weiterentwicklung — 55

28 Der Engel der Aufrichtung
29 Der Engel der Entscheidung
30 Der Engel des goldenen Pfades
31 Der Engel der Pause
32 Der Engel des männlichen Prinzips
33 Der Engel der Befreiung
34 Der Engel der Ernte
35 Der Engel der Disziplin
36 Der Engel des Neins
37 Der Engel der kleinen Schritte
38 Der Engel des guten Willens
39 Der Engel der Entlastung
40 Der Engel der realistischen Sicht
41 Der Engel des Windes
42 Der Engel des Neubeginns
43 Der Engel des inneren Reichtums
44 Der Engel des Frühlingsbeginns
45 Der Engel der Grenze
46 Der Engel des Sonnenlichts

Folge deinem Herzen und finde deine Erfüllung　　　　　　　　　　77

47 Der Engel des täglichen Friedens	57 Der Engel der Freundschaft
48 Der Engel des Lichtbaums	58 Der Engel des Mitgefühls
49 Der Engel der Herzensöffnung	59 Der Engel des Abendrots
50 Der Engel des Tröstens	60 Der Engel der inneren Oase
51 Der Engel der Herzensliebe	61 Der Engel der Vergangenheits-
52 Der Engel des Dankbarseins	bewältigung
53 Der Engel des Schutzes	62 Der Engel der heilenden Hände
54 Der Engel der Selbstvergebung	63 Der Engel der Herzenswünsche
55 Der Engel des Lächelns	64 Der Engel des Sommers
56 Der Engel der Schönheit	65 Der Engel der Heilkraft

Bringe deine Lebendigkeit und Kreativität in den Ausdruck　　　　　　99

66 Der Engel der Rose	73 Der Engel des Tanzes
67 Der Engel der Farben	74 Der Engel des reinigenden Feuers
68 Der Engel des Vergebens	75 Der Engel des Wasserfalls
69 Der Engel der Selbstbestimmung	76 Der Engel der Ganzheitlichkeit
70 Der Engel der heiligen Wut	77 Der Engel der Kommunikation
71 Der Engel der Selbstbestätigung	78 Der Engel der Luft
72 Der Engel des Sturms	

Finde Frieden in dir und öffne dich für ein höheres Bewusstsein　　　119

79 Der Engel des Einschlafens	90 Der Engel des Menschseins
80 Der Engel des Atemstroms	91 Der Engel des Schauens
81 Der Engel der Friedlichkeit	92 Der Engel der Geduld
82 Der Engel der Gerechtigkeit	93 Der Engel des Winters
83 Der Engel des besten Lebens	94 Der Engel der Meditation
84 Der Engel des Stillseins	95 Der Engel der Zeit
85 Der Engel der Fantasie	96 Der Engel der Einfachheit
86 Der Engel des Mondlichts	97 Der Engel der Ermächtigung
87 Der Engel der Aufmerksamkeit	98 Der Engel des blauen Lichts
88 Der Engel der Klarheit	99 Der Engel des Ankommens
89 Der Engel der Präsenz	100 Der Engel der Vision

Fühle dich geführt und geliebt　　　　　　　　　　　　　　　　　145

101 Der Engel der stillen Freude	107 Der Engel der Selbstheilungskraft
102 Der Engel des Himmelsraums	108 Der Engel der Verbundenheit
103 Der Engel aller Kerzenlichter	109 Der Engel des heilenden Lichts
104 Der Engel der Leere	110 Der Engel des Geschenks
105 Der Engel des Ja	111 Der Engel der Gnade
106 Der Engel der Frequenz-	
anhebung	

4. Freundschaft mit Engeln　　　　　　　　　　　　　　　　158

5. Fragen und Antworten　　　　　　　　　　　　　　　　　159

Literaturverzeichnis　　　　　　　　　　　　　　　　　　　163

Zur Autorin　　　　　　　　　　　　　　　　　　　　　　163

„Der erste Gedanke Gottes war ein Engel.
Das erste Wort Gottes war ein Mensch."
(Khalil Gibran)

1. Engel sind wundervoll

„Wir Engel sind für alle Menschen da. Wir lieben es, dich zu begleiten. Du hast uns um Unterstützung im Alltag gebeten und wir sind 111 Engel, die dir mit Rat und Tat zur Seite zu stehen. Du kannst dich jederzeit an uns wenden, denn wir hören jedes deiner Worte. Wir freuen uns auf die Begegnung mit dir."

Auf diese Weise sprechen die Engel mit mir. Die Engel stehen auch dir stets unterstützend zur Seite auf deinem Weg zur Heilung, zum Glück und inneren Frieden. Alle Engel sind Botschafter der göttlichen Quelle. Jeder Engel verkörpert dabei einen kleinen oder größeren Aspekt dieser universellen Liebe.

Wie 111 Engel dir im Alltag zur Seite stehen

111 Engel bieten dir in diesem Buch ihre Hilfe für dein tägliches Leben an. Sie verstehen sich als Alltagshelfer und holen dich bei den Themen ab, die dich beschäftigen. Sie flüstern dir liebevolle Botschaften zu und freuen sich, wenn du dich auf eine Beziehung mit ihnen einlässt. Doch was können die Engel ganz genau für dich tun?

Engel schaffen dir einen Ort des Wohlbefindens
Viele der Engelbotschaften beinhalten eine kleine Übung. Folgst du ihr, kann für einen Moment in deinem Alltag eine Insel der Ruhe und der Harmonie entstehen.

Engel führen dich in eine Meditation
Die Engel führen dich oft in eine meditative Erfahrung, wozu sie dir eine Atemübung oder eine Visualisierung anbieten. Lässt du dich darauf ein, löst sich dein Bewusstsein von den Herausforderungen des Alltags. Dadurch können Momente tiefer Ruhe und Verbundenheit entstehen. Die hier erlebte Stille ist die Voraussetzung für Heilung auf einer tiefen seelischen Ebene.

Engel stellen dir Fragen
In den Engelbotschaften findest du oft Fragen der Engel an dich. Damit möchten sie dich von deinen üblichen Alltagsgedanken und Gewohnheiten fortführen. Sie motivieren dich, dich mit einem wichtigen Thema deiner persönlichen Entwicklung zu beschäftigen. Mit ihrer Unterstützung wird es dir leichter fallen, dich an deine Kraftquellen anzuschließen.

Engel segnen dich
Manche der 111 Engel schenken dir ihren Segen. Ein Segen ist ein himmlischer Energieimpuls, der durch deinen ganzen Körper flutet. Je nach Thema können diese Segen unterschiedliche Farben haben. In jedem Segen gibt es eine Flut an Informationen, die direkt auf dein Energiesystem wirken, ohne dass sie über dein Bewusstsein laufen. Um dich für einen Segen zu öffnen, braucht es von deiner Seite ein wenig Vertrauen und die Bereitschaft, ihn geschehen zu lassen.

Engel lehren dich
Viele der hier vorgestellten Engel möchten dir etwas beibringen. Vielleicht erklären sie dir etwas und laden dich ein, ihrer Argumentation zu folgen. Es kann aber auch sein, dass sie dich motivieren wollen, bestimmte Fähigkeiten in deinem Leben zu entwickeln oder zu vervollkommnen.

Engel stärken dich
Du lernst hier einige Engel kennen, die dich dazu anleiten, eine positive Bestärkung auszusprechen. Sprichst du diese sogenannten Affirmationen mit offenem Herzen, wirken sie stärkend auf dein Selbstbewusstsein und auf dein Wohlbefinden. Die Kraft dieser Engel kann dafür sorgen, dass sich positive Glaubenssätze in dir neu verankern oder verstärkt werden.

Engel beschützen dich
Manche Engel geben dir eine Anleitung, wie du dich im Alltag besser schützen kannst. Lädst du einen bestimmten Engel in deinen Alltag ein, wird er dich dabei unterstützen, das Beste für dich und andere zu erreichen.

Viele der Engel, mit denen du hier in Berührung kommen wirst, vereinen mehrere dieser Aufgaben. Sie segnen dich beispielsweise, wodurch es dir leichter fallen wird, dich in einen meditativen Zustand einzufinden und einen Schmerz in dir zu heilen.

Als Mensch hast du das Recht, frei darüber zu entscheiden, ob du die Hilfe der Engel annimmst oder ob du einen anderen Weg gehen möchtest. Engel unterstützen dich möglicherweise mit einem Vorschlag, doch sie treffen keinerlei Entscheidung für dich. Die Verantwortung für die Gestaltung deines Lebens bleibt ganz bei dir.

Die folgenden Engelbotschaften verkörpern weit mehr als Ansprachen an dein Gewissen oder Reisen in deine Fantasie. Bist du bereit, dich mit den Engeln als Vertreterinnen oder Boten des Höchsten zu verbinden, öffnest du dich für eine spirituelle Dimension deines Lebens. Durch den Kontakt mit einem Engel, kommst du in Berührung mit der universelle Liebe.

Sieben große Lebensthemen

Die 111 Engel sind sieben Lebensthemen zugeordnet, entsprechend der Chakrenlehre, auf die später noch eingegangen wird. Zu jedem Thema habe ich eine passende Landschaft ausgewählt.

- Die **rote Vulkanlandschaft** steht für Erdung und die Erfüllung von Wünschen.

- Die **orangefarbene Muschel** weist auf Themen der Freude und der emotionalen Erfüllung in deinem Leben hin.

- Der **leuchtende Sonnenschein** steht symbolisch für deine persönliche Kraft.

- Die Landschaft mit den **blühenden Kirschbäumen** steht für Erlebnisse bedingungsloser Annahme und Liebe.

- Der **blaue Himmel und das Meer** symbolisieren deine kreative Ausdruckskraft.

- Der **Amethyst** verweist auf Frieden in deinem Geist.

- Die **weiße Winterlandschaft** steht für die Stille des Seins, in der wir die Verbindung zur spirituellen Führung wahrnehmen können.

Die folgende Tabelle zeigt den Zusammenhang zwischen den Bildern, Botschaften und Themen. In der letzten Spalte sind die Engel nach Zahlen geordnet, wie du sie auch im Inhaltsverzeichnis findest.

Tabelle 1: Übersicht über die Themen der Engel

Bild	Botschaft	Themen	Engel-zahlen
	Erde dich und erfülle dir deine Wünsche.	Erdung, körperliche Gesundheit, Wunscherfüllung, materieller Reichtum	1 – 11
	Lasse deine Freude leuchten und genieße dein Leben.	Kreativität, Heilung von Gefühlen, inneres Kind, Lebensfreude	12 – 27
	Entwickle deine persönliche Kraft und erfreue dich an deiner Weiterentwicklung.	Geben und Nehmen, persönliche Kompetenz, Abgrenzung, Erfolg	28 – 46
	Folge deinem Herzen und finde deine Erfüllung.	Liebe, Frieden, innere Führung, Heilung	47 – 65
	Bringe deine Lebendigkeit und Kreativität zum Ausdruck.	kreativer Fluss, Ausdruck der Persönlichkeit, Zugang zu höheren Welten	66 – 78
	Finde Frieden in dir und öffne dich für ein höheres Bewusstsein.	Ruhe, Stille, Einsicht, Meditation	79 – 100
	Fühle dich geführt und geliebt.	spirituelle Führung, bedingungsloses Geliebtsein	101 – 111

In der Tabelle auf der nächsten Seite findest du die Namen der Engel sowie die Zahlen, die ihnen zugeordnet sind.

Tabelle 2: Liste der Engelnamen

1 Der Engel der Erlaubnis
2 Der Engel der grünen Kraft
3 Der Engel der Erdverbindung
4 Der Engel der natürlichen Bedürfnisse
5 Der Engel der Vorfahren
6 Der Engel des äußeren Reichtums
7 Der Engel des Herbstes
8 Der Engel der Mutter Erde
9 Der Engel des gesunden Lebens
10 Der Engel des Heims
11 Der Engel aller Berge
12 Der Engel der Erholung
13 Der Engel des Glücklichseins
14 Der Engel der Sicherheit
15 Der Engel der Harmonie
16 Der Engel des weiblichen Prinzips
17 Der Engel der Entspannung
18 Der Engel des heilenden Segens
19 Der Engel der Selbstfürsorge
20 Der Engel der Zärtlichkeit
21 Der Engel der Selbstsicherheit
22 Der Engel der Bewegungsfreude
23 Der Engel der Abenteuerlust
24 Der Engel des sinnlichen Vergnügens
25 Der Engel der Geborgenheit
26 Der Engel des Mutes
27 Der Engel des fließenden Wassers
28 Der Engel der Aufrichtung
29 Der Engel der Entscheidung
30 Der Engel des goldenen Pfades
31 Der Engel der Pause
32 Der Engel des männlichen Prinzips
33 Der Engel der Befreiung
34 Der Engel der Ernte
35 Der Engel der Disziplin
36 Der Engel des Nein
37 Der Engel der kleinen Schritte
38 Der Engel des guten Willens
39 Der Engel der Entlastung
40 Der Engel der realistischen Sicht
41 Der Engel des Windes
42 Der Engel des Neubeginns
43 Der Engel des inneren Reichtums
44 Der Engel des Frühlingsbeginns
45 Der Engel der Grenze
46 Der Engel des Sonnenlichts
47 Der Engel des täglichen Friedens
48 Der Engel des Lichtbaums
49 Der Engel der Herzensöffnung
50 Der Engel des Tröstens
51 Der Engel der Herzensliebe
52 Der Engel des Dankbarseins
53 Der Engel des Schutzes
54 Der Engel der Selbstvergebung
55 Der Engel des Lächelns
56 Der Engel der Schönheit
57 Der Engel der Freundschaft
58 Der Engel des Mitgefühls
59 Der Engel des Abendrots
60 Der Engel der inneren Oase
61 Der Engel der Vergangenheitsbewältigung
62 Der Engel der heilenden Hände
63 Der Engel der Herzenswünsche
64 Der Engel des Sommers
65 Der Engel der Heilkraft
66 Der Engel der Rose
67 Der Engel der Farben
68 Der Engel des Vergebens
69 Der Engel der Selbstbestimmung
70 Der Engel der heiligen Wut
71 Der Engel der Selbstbestätigung
72 Der Engel des Sturms
73 Der Engel des Tanzes
74 Der Engel des reinigenden Feuers
75 Der Engel des Wasserfalls
76 Der Engel der Ganzheitlichkeit
77 Der Engel der Kommunikation
78 Der Engel der Luft
79 Der Engel des Einschlafens
80 Der Engel des Atemstroms
81 Der Engel der Friedlichkeit
82 Der Engel der Gerechtigkeit
83 Der Engel des besten Lebens
84 Der Engel des Stillseins
85 Der Engel der Fantasie
86 Der Engel des Mondlichts
87 Der Engel der Aufmerksamkeit
88 Der Engel der Klarheit
89 Der Engel der Präsenz
90 Der Engel des Menschseins
91 Der Engel des Schauens
92 Der Engel der Geduld
93 Der Engel des Winters
94 Der Engel der Meditation
95 Der Engel der Zeit
96 Der Engel der Einfachheit
97 Der Engel der Ermächtigung
98 Der Engel des blauen Lichts
99 Der Engel des Ankommens
100 Der Engel der Vision
101 Der Engel der stillen Freude
102 Der Engel des Himmelsraums
103 Der Engel aller Kerzenlichter
104 Der Engel der Leere
105 Der Engel des Ja
106 Der Engel der Frequenzanhebung
107 Der Engel der Selbstheilungskraft
108 Der Engel der Verbundenheit
109 Der Engel des heilenden Lichts
110 Der Engel des Geschenks
111 Der Engel der Gnade

Möglicherweise fragst du dich, warum ein bestimmter Engel einem gewissen Lebensthema zugeordnet ist und nicht einem anderen. So findest du beispielsweise den Engel des Ja in dem Unterkapitel „Fühle dich geführt und geliebt", weil er dich durch die vollkommene Annahme jeder Situation, in eine über alle Sinne hinausgehende Dimension führen kann. Das „Nein" hingegen habe ich dem Unterkapitel „Entwickle deine persönliche Kraft und freue dich über deine Weiterentwicklung" zugeordnet, da die Fähigkeit des Sichabgrenzens eine wichtige Alltagsfähigkeit ist, die bei vielen Menschen einer Unterstützung bedarf. In deiner Übungspraxis mit Engeln ist nicht die Einteilung entscheidend, sondern immer deine persönliche Erfahrung, die du mit einem Engel machst.

„Alle Engel sind erstaunt über die Menschen,
die durch ihre heiligen Werke mit einem unheimlich
schönen Gewand angekleidet erscheinen."
(Hildegard von Bingen)

Auch du bist Licht – Chakra und Aura

Da bereits viele Veröffentlichungen über die Energielehre des Körpers mit seiner Aura und den dazugehörigen Chakren existieren[1], gehe ich in diesem Rahmen nur auf die Grundlagen ein, die du brauchst, um die Engelbotschaften gut erfassen zu können. Hast du bereits ein Basiswissen über diese Themen, kannst du dieses Kapitel überspringen.

Die Aura

Hellsichtige können ihre Mitmenschen als Licht in unterschiedlichen Farben wahrnehmen. Die Aura zeigt sich in Form einer ovalen Kugel, die den physischen Körper einhüllt. Die Aura eines jeden ist einzigartig und umfasst eine unvorstellbar große Menge an Informationen über das gelebte Leben der Person und ihr seelisches Potenzial. Man kann unterschiedliche Ebenen bzw. Energiehüllen unterscheiden, die den Körper umgeben und sich gegenseitig durchdringen.

Auch der physische Körper mit seinen Knochen, Muskeln und Organen wird als Energiekörper betrachtet, der eine niedrigere Schwingung als die anderen hat. Um ihn entfaltet sich die energetische Ebene, an der man die Stärke der Lebensenergie ablesen kann. Es folgt der sogenannte Emotionalkörper, der Gefühle und Muster speichert, wie „Ich bin liebenswert" oder „Ich bin ein geduldiger Mensch."

Die sich daran anschließende mentale Schicht enthält Gedanken über uns selbst und die Welt. Dort sind Glaubenssätze verankert, die uns entweder im Leben Stress verursachen wie „Man kann keinem vertrauen" oder die uns mutig und aufgeschlossen machen wie „Ich glaube an das Gute im Menschen". Im angrenzenden spirituellen Körper gibt es beispielsweise Seelenverträge. Das sind Verabredungen, die die Seele vor ihrer Inkarnation mit anderen Seelen getroffen hat. Zudem sind hier spirituelle Gelübde zu finden, die sich in der Regel auf Schwüre beziehen, aus dem heutigen oder aus vergangenen Leben, wie Armuts-, Keuschheits- oder Treuegelübde. Weiterhin finden wir hier den Zugang zu unserer spirituellen Führung sowie zu kosmischen Feldern von Frieden und Glück. Der spirituelle Körper verfeinert sich immer mehr in die Weite und verbindet jeden Menschen mit allem, was ist.

Chakra ist ein Wort aus dem Sanskrit und bedeutet Rad. Die Chakren sind Energiezentren, die in die Aura eingebettet sind. Sie sind Orte wirbelnder Energie im menschlichen Energiefeld. Nicht nur die östliche Philosophie nimmt Bezug auf diese Lehre, wir finden auch Anhaltspunkte in der christlichen Mystik wie bei Theresa von Avila[2]. Sie schreibt, dass es sieben Wohnungen in der Seelenburg gäbe. Dabei ist es naheliegend, an die Chakren zu denken. In die menschliche Aura sind sieben Hauptchakren eingebettet.

---

[1] Z. B.: Barbara Ann Brennan, Licht-Arbeit - Heilen mit Energiefeldern, München 1998 oder Diethard Stelzl, Spirituelles Heilen, Band 1 + 2, Darmstadt 2006

[2] vgl. Teresa von Avila, „Ich bin ein Weib – und obendrein kein gutes", Freiburg 2012

Jedes Chakra ist gleich wichtig. Sind alle Energiezentren gut entwickelt und harmonisch miteinander verbunden, gelingt das Leben auf allen Ebenen des Seins. Neben den sieben Hauptchakren gibt es eine Vielzahl von Nebenchakren. Die wichtigsten Nebenchakren befinden sich in den Gelenken sowie in den Händen und Füßen. Die hier genannten Farben der Chakren basieren auf der indischen Philosophie und verstehen sich als ein Modell. Siehst du aufgrund einer Hellsichtigkeit andere Farben, vertraue deiner Wahrnehmung.

Das Wurzelchakra strahlt zur Erde und das Kronenchakra zum Himmel. Die Chakren zwei bis sechs strahlen in Spiralen jeweils nach vorn und nach hinten.

Dem ersten Chakra, dem Wurzelchakra, wird Rot zugeschrieben. Es liegt im Bereich des Damms, also zwischen Geschlecht und Anus. Ist dieser Bereich in unserem Leben entwickelt, sind wir gut geerdet. Nichts kann uns so leicht aus der Bahn werfen und wir erleben uns im Alltag als kraftvoll und verfügen über eine stabile Gesundheit. Wir haben ausreichend Geld zur Verfügung und können uns deshalb materielle Wünsche erfüllen. Wir haben ein lebendiges Verhältnis zu unserer Heimat und der Familie und fühlen uns im Leben sicher. Das Wurzelchakra sorgt über eine gute Verbindung zur Erde für eine ausreichende energetisch-seelische Stabilität, damit wir Erlebnisse mit Engeln leicht integrieren können.

Dem Sakralchakra wird Orange zugeordnet. Auf der Ebene des Körpers ist es dem unteren Bauch zugeordnet. Mit ihm ist die Welt der Gefühle verbunden. Auch das innere Kind, als seelischer Teil der Vergangenheit, hat dort seinen Wohnort. Dabei kann das innere Kind sowohl verletzte Gefühle als auch innere Lebendigkeit und Freude symbolisieren. Ist dieses Chakra gut entwickelt, verfügen wir über eine positive Lebenseinstellung und nehmen Herausforderungen optimistisch an. Mithilfe dieses Chakras können wir die Präsenz von Engeln fühlen.

Das Solarplexuschakra hat seinen Ausgangsort im oberen Bauch und leuchtet sonnengelb. Es steht für Themen der persönlichen Kraft. Damit ist einerseits die Fähigkeit gemeint, das in unser Leben zu holen, was wir brauchen, um Erfolg, Wohlstand und Sicherheit zu erreichen. Andererseits geht es darum, der Welt das zu geben, was uns einzigartig macht. Ist dieser Bereich gut entwickelt, sind wir in der Lage, jeden Leistungsdruck im spirituellen Bereich zurückzunehmen und voller Vertrauen einen Kontakt mit den Engeln zuzulassen.

Das Herzchakra strahlt grün, golden oder rosa aus der Mitte des Brustkorbs. Es beinhaltet den Zugang zu überpersönlichen Gefühlen wie tiefer Friede und bedingungslose Liebe, Harmonie oder die Fähigkeit zur Vergebung. Ist das Herzchakra gut entwickelt, fällt es leicht, mit diesen Qualitäten des Seins verbunden zu sein und sie im Leben zu verwirklichen. Engel kommunizieren mit uns über dein Herz.

Das Halschakra strahlt in einem gut entwickelten Zustand in einem Himmelblau. Es steht für klare Kommunikation, Wahrheitsliebe und den Ausdruck von Kreativität. Das Halschakra ist neben dem Stirnchakra ein wichtiges Zentrum, wenn es darum geht, die hellen Sinne zu entwickeln, die es möglich machen, Engel zu hören oder wortlos zu verstehen.

Dem Stirnchakra wird Violett zugeordnet. Es steht nicht nur für das Denken, sondern auch für den Zugang zu umfassenden meditativen Erfahrungen, die mit tiefem Frieden und Ruhe verbunden sind. Durch dieses Zentrum entwickeln sich u. a. das Hellsehen und das Hellwissen. Das heißt, dass wir einen Engel als Farbe oder Gestalt wahrnehmen können oder einfach um seine Botschaft wissen.

Das Kronenchakra leuchtet in einem strahlenden Weiß, in dem alle Farben enthalten sind, wie bei einem glitzernden Diamanten. Es verbindet uns mit der Quelle der Schöpfung. Über das Kronenchakra sind wir mit unserer persönlichen spirituellen Führung verbunden – und mit allem, was ist. Ist das Chakra gut entwickelt, fühlen wir uns ganz selbstverständlich mit den Engeln verbunden und damit von der geistigen Welt geliebt.

Die Chakren sind in ständigem Fließen und verbinden unsere inneren Dimensionen mit der Welt, in der wir leben. Sie sind nie vollkommen geschlossen, denn alle Ebenen des Seins sind stets aktiv in uns. Sie sind also mehr oder weniger offen und sie können Blockaden oder Verunreinigungen enthalten. Mehrere der 111 Engelbotschaften führen dich in meditative Übungen, durch die die Chakren gereinigt, harmonisiert und gestärkt werden.

> „Wir werden Frieden finden. Wir werden die Engel hören,
> wir werden den Himmel mit Diamanten funkeln sehen."
> (Anton Chekhov)

2. So wählst du deinen Engel für den heutigen Tag

111 Engel stellen sich vor und schenken dir ihre Unterstützung in allen Lebenslagen. Doch wie kann der Engel zu dir kommen, der heute der richtige für dich ist?

Um einen guten Kontakt zu Engeln herzustellen, ist es zunächst wichtig, dass du dich erdest. Anschließend konzentrierst du dich auf eine klare Intention, also auf das, was du durch den Engelkontakt erreichen möchtest. Vielleicht möchtest du, dass gerade der Engel dich begleitet, der dir mit seiner Botschaft für heute ein passendes Geschenk macht. Oder du hast einen besonderen Wunsch an einen Engel. Erfahre die Botschaft des Engels in deinem Herzen und lasse dich von ihm weiter begleiten.

Erschaffe einen heiligen Raum

Für die Begegnung mit Engeln empfiehlt sich ein ruhiger Raum, in dem du ungestört bist. Wenn du die Praxis mit Engeln vertieft hast, wird es dir möglich werden, in jeder Situation einen Engel hinzuzubitten. Es ist ganz gleich, ob du liegst, sitzt oder stehst, wenn du den rechten Engel für dich finden möchtest. Sende deine Aufmerksamkeit über deinen Kontakt zur Unterlage in die Erde hinein. Lasse dabei mithilfe deiner Vorstellungskraft Lichtwurzeln in den Boden wachsen. Mit deinen nächsten Ausatemströmen lässt du die Lichtwurzeln noch tiefer in die Erde streben und sich dort ausbreiten.

Empfange nun Kraft aus der Erde und lasse sie durch deine Füße in deinen Körper emporsteigen. ... Wenn diese Kraft nach einer Weile deinen Kopf erreicht, lässt du sie über dein Kronenchakra weiter nach oben in den Himmel aufsteigen bis zur Quelle allen Seins, die du dir als große Sonne vorstellen kannst.

Visualisiere anschließend einen Lichtkreis am Boden um dich herum und erlebe dich in der Einbindung zwischen Erde und Himmel. So hast du einen heiligen Raum um dich herum geschaffen.

Sprich deine Absicht aus

Bitte den passenden Engel an deine Seite: „Ich bitte darum, dass der Engel zu mir kommt, der jetzt für mich wichtig ist." Du hast jedoch auch die Möglichkeit, dich auf ein Thema zu konzentrieren, wie folgende Beispiele zeigen:

- Ich bitte um einen Engel, der mir in meiner Liebesbeziehung weiterhilft.
- Ich bitte um einen Engel, der mir hilft, meinen beruflichen Stress zu reduzieren.
- Ich bitte um einen Engel, der mich mutiger macht.
- Ich bitte um einen Engel, der mir hilft, die richtige Entscheidung zu treffen.
- Ich bitte um einen Engel, der mich in meiner spirituellen Entwicklung unterstützt.
- Ich bitte um einen Engel, der mir aus meinem Schmerz heraushilft.

Wähle einen Engel mithilfe der Zahlenübersicht

Jeder Mensch lebt in seiner eigenen Welt. Das bedeutet, dass niemand den Himmel so blau sieht wie du und keiner die Vielfalt der Stimmungen und die emotionalen Tiefen ermessen kann, wenn du dich über etwas freust. Kein anderer Mensch verbringt das Leben so wie du, denn du verbringst deine Zeit auf der Erde auf deine einzigartige Weise. Je mehr wir uns auf unserem spirituellen Weg damit vertraut machen, dass das Leben kostbar und sinnvoll ist und wir eingebettet sind in ein Großes und Ganzes, umso vertrauter wird es dir werden, dass jedes Ereignis einen Sinn hat. So ist es auch möglich, dass der für dich passende Engel zu dir kommt, wenn du die folgende Zahlenübersicht verwendest. Zufall ist das, was dir vom Leben zufällt. Vertraue deiner inneren Führung.

Auf der nächsten Seite siehst du ein Rosenbild, auf dem die Zahlen von eins bis hundertelf stehen. Erinnere dich an deine Verbindung mit Erde und Himmel, konzentriere dich auf deine Absicht und fahre mit geschlossenen Augen mit einem Zeigefinger über das Mandala, bis du dich von einer Stelle angezogen fühlst. Wenn du anschließend die Augen öffnest, findest du in der Nähe die Zahl, die zu deinem Engel gehört.

Manchmal wirst du sofort wahrnehmen, dass dieser Engel ein wichtiges Thema von dir berührt. Ein anderes Mal wirst du vielleicht überrascht sein, welches Thema der Engel dir näher bringen möchte. Oft lädt dich ein Engel ein, dich an eine Situation zu erinnern, die dich aktuell belastet oder die Verletzungen in dir ausgelöst hat, die bis heute nicht ganz verheilt sind. Übe einige Male, kleine Belastungen aufzulösen, bevor du dich an ein größeres Lebensthema heranwagst.

Empfange die Engelbotschaft

Nachdem du den Engel ausgewählt hast, schlage den entsprechenden Text auf. Bevor du mit dem Lesen beginnst, stell dir deinen Herzraum als strahlendes Licht vor. Lies den Text weder mit den Augen noch mit deinem Verstand, sondern aus der Mitte deines Herzens. Höre, wie der Engel seine Worte direkt in deinen Herzraum spricht. Nach jedem Absatz im Text mache eine kleine Pause und lasse seine Worte nachwirken. Die drei Punkte „…" zeigen dir an, dass du dir so viel Zeit nehmen sollst, wie du brauchst, um den Engelworten zu folgen und eigene Erfahrungen entstehen zu lassen.

Engel sind weder weiblich noch männlich. Sie vermitteln dir jedoch oft eine archetypisch männliche oder weibliche Form der Energie. Manchmal beschreibt ein Engel sich „in den Farben eines sonnigen Herbsttages" oder als „strömende Wassersäule", sodass du dir den Engel gut vorstellen kannst. Doch oft beschreibt sich der Engel nicht. Du kannst dann Folgendes ausprobieren: Visualisiere zu Beginn einer jeden Engelbotschaft eine goldene Lichtkugel als Engelsymbol. Aus dem Schauen auf die goldene Kugel kann eine Engelgestalt entstehen. Ein Engel wird sich immer so zeigen, wie es dir entspricht.

Die Vorbereitungen mit ihren einzelnen Schritten schaffen eine gute Grundlage, Ruhe in dir zu finden und bei dir selbst anzukommen. Folgst du den Anleitungen der Engel mit allen deinen Sinnen, versetzt dich das in einen meditativen Zustand, in dem deine Fähigkeit, Engel zu spüren, zu hören, zu riechen oder zu sehen, zunehmen kann.

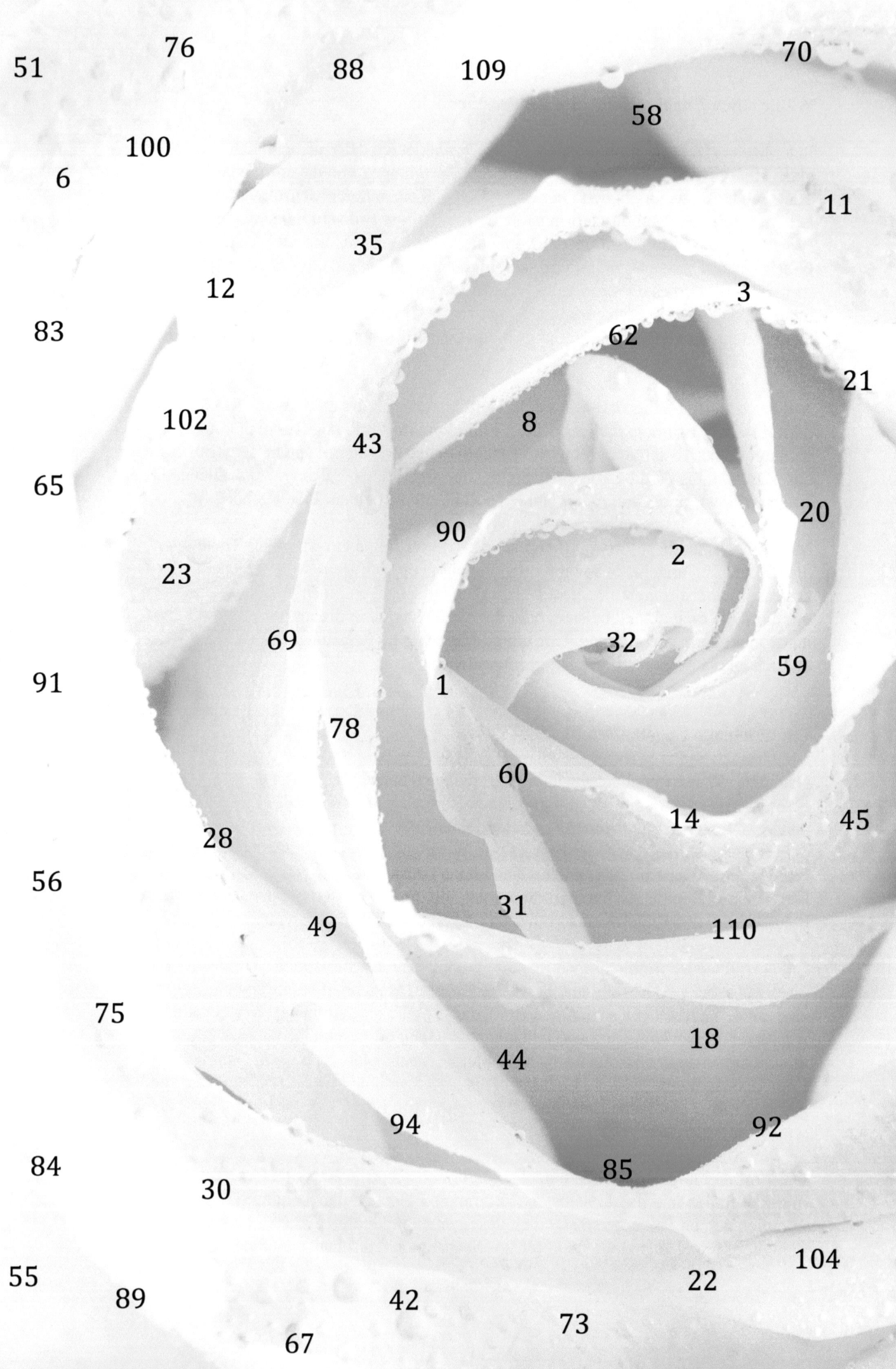

Auf diese Weise kann sich die angeleitete Erfahrung mit einem Engel verselbstständigen, sodass der Engel dir weitere Impulse geben kann.

Mache dir jedoch keine Sorgen, wenn du einen Engel nicht siehst, denn die meisten Menschen kommunizieren mit Engeln über ihr Gefühl oder ihr Empfinden. Bleibe geduldig und offen in deiner Wahrnehmung.

2.5 Lasse dich vom Engel begleiten

Nachdem du die Engelbotschaft empfangen hast, gibt es die Möglichkeit, dich von dem Engel weiter begleiten zu lassen. Es kann sehr angenehm und inspirierend sein, dich ab und zu an seine Anwesenheit zu erinnern. Wenn ein Engel dir einen Segen oder bestärkende Worte schenkt, kannst du auch zu anderen Tageszeitpunkten mit dem Engel in Kontakt kommen, indem du dich erneut auf seine Botschaft einlässt.

Am Ende jeder Engelbotschaft findest du einen Heilsatz. Er greift einen zentralen Aspekt der Engelaussage als positive Bestärkung auf. In der Praxis hat es sich bewährt, sich mit dem Heilsatz einige Male am Tag zu verbinden, indem du ihn laut oder gedanklich ausspricht. Nutze deine Vorstellung dazu, dich für die emotionale Kraft des Heilsatzes zu öffnen.

Ich empfehle dir, mit nicht mehr als einem der 111 Engel pro Tag in Kontakt zu kommen. Gib dir auf diese Weise Zeit und Raum, seine Botschaft in deiner Seele und in deinem Alltag wirken zu lassen. Indem du auf diese Weise eine enge Verbindung zu den Engeln aufbaust, wird im Laufe der Zeit dein Vertrauen in die Engel wachsen können. Durch das Hören mit dem Herzen, das Sehen der Farben des Engels und das Fühlen seiner Anwesenheit werden deine inneren Sinne geschult. Je feiner deine Wahrnehmung im Laufe der Zeit wird, umso intensiver können deine Erfahrungen mit den Engeln werden.

Kurzanleitung

1. Erschaffe einen heiligen Raum, in dem du dich mit Erde und Himmel verbindest und gedanklich einen Kreis um dich herum ziehst.
2. Sprich deine Absicht aus: Ich bitte einen Engel zu mir, der mir im Moment weiterhilft.
3. Wähle einen Engel mithilfe des Blütenmandalas aus.
4. Empfange die Engelbotschaft in deinem Herzen.
5. Lasse dich weiterhin von diesem Engel und dem dazugehörigen Heilsatz begleiten.

> „Alles hat seine Engel, Zeiten und Jahre, Flüsse und Meere,
> Früchte und Gras, Schnee und Wolken, die Sterne!"
> (2. Buch Henoch)

3. 111 Engel für dich

Alle in diesem Buch vorgestellten Engel sind Heilengel, denn es gibt keinen Engel, der nicht seine heilende Wirkung in deinem Leben entfalten möchte. Die Engel unterstützen dich jedoch auf unterschiedliche Weise. Deshalb sind die folgenden 111 Engelbotschaften in sieben Lebensthemen eingeteilt, die für ein ganzheitliches, seelisches Wachsen wichtig sind. Die Themen lauten:

- Erde dich und erfülle dir deine Wünsche.
- Komme in die Freude und genieße dein Leben.
- Entwickle deine persönliche Kraft und freue dich über deine Weiterentwicklung.
- Folge deinem Herzen und finde deine Erfüllung.
- Bringe deine Lebendigkeit und Kreativität zum Ausdruck.
- Finde Frieden in dir und öffne dich für ein höheres Bewusstsein.
- Fühle dich geführt und geliebt.

Durch Konzentration und Empfänglichkeit kannst du dich für die heilsamen Worte der Engel öffnen. Sie sprechen stets in einer freundlichen Sprache, haben Humor und manchmal lächeln sie. Um das Lächeln kenntlich zu machen, habe ich einen Smiley (☺) eingesetzt. Wenn in der Engelbotschaft ein neuer Gedanke beginnt, ist dies durch ein Sternchen (✳) gekennzeichnet.

Wichtiger Hinweis

Körperliche oder psychische Erkrankungen gehören grundsätzlich in die Hände von Fachleuten. Lassen Sie also bitte alle schulmedizinischen und/oder alternativmedizinischen Behandlungen weiterlaufen. Engelmeditationen können jedoch bei allen Behandlungswegen ergänzend eingesetzt werden.

Erde dich und erfülle dir deine Wünsche

Das diesem Kapitel zugehörige Bild zeigt einen in rotes Licht getauchten, Lava speienden Vulkan. Er symbolisiert die Fähigkeit Neues zu materialisieren und ins Leben zu bringen. Die diesem Thema zugeordneten Engel möchten dich mit dieser Kraft der Erde verbinden und dein Bewusstsein stärken, dass die Erde dich mit allem versorgt, was du brauchst.

Sie möchten dir ihren Rat schenken, wenn es um Fragen deiner Gesundheit geht und motivieren dich, gesundheitsbewusste Entscheidungen zu treffen. In diesem Zusammenhang ist es wichtig, auch die kleinen natürlichen Bedürfnisse in deinem Alltag zu beachten sowie für ein schönes Heim zu sorgen.

Beziehst du darüber hinaus mit Hilfe der Engel deine Vorfahren als Urgrund deines Lebens mit in deinen Alltag ein, wirst du viel Kraft daraus ziehen können.

Nutze die Kraft der Engel nicht nur dazu, dir einen Parkplatz zu besorgen, sondern lasse sie ihren Anteil geben an allem, was du dir wünschst, um dich sicher zu fühlen und dich mit Wohlstand auszustatten. Lasse dich von ihnen unterstützen, deinen inneren Reichtum zu materialisieren. Das wird deine Überzeugung stärken, dein Leben frei gestalten zu können.

1 Der Engel der Erlaubnis

Ich bin der Engel der Erlaubnis
und ich eröffne dir die Möglichkeit,
einfach nur da zu sein ohne etwas zu tun.

Wenn du dich einsam fühlst oder spürst,
dass irgendetwas in deinem Leben nicht so läuft
wie es sein sollte, dann setze dich.
Ja, setze dich und atme einmal tief ein und aus. …

Ich sitze neben dir, hast du es schon bemerkt?
Zart lege ich meinen Engelflügel um deine Schultern.
Kannst du meine Präsenz schon spüren?

Atme noch einmal tief ein
und spüre dabei all das, was dich gerade bewegt.
Mit deinem nächsten Ausatem
lasse deine Gefühle fließen.
Atme auf diese Weise noch einige Male. …
Dabei sitze ich neben dir
und schenke dir meine ganze Aufmerksamkeit.
Erlaube dir eine Pause
in der Suche nach einem besseren Leben
und lasse für einige Augenblicke alles so wie es ist. …

Sei dir sicher, dass ich dich verstehe.
Ich bin deine Freundin, dein Helfer
und deine geistige Gefährtin aus der Welt des Lichts.
Lasse uns so noch eine Weile still sitzen
und alles so betrachten wie es jetzt ist. ...

Laufe nicht vor dem Augenblick davon.
Lenke dich nicht ab und renne gedanklich nicht voraus.
Lasse mich dich weiterhin zart umarmen und bei dir sein.
Bitte erlaube dir einfach nur da zu sein. ...
Da sein reicht vollkommen aus. ...

❋

Wenn du mit mir gemeinsam alles so lässt wie es ist,
kannst du dann spüren, dass eine Ruhe beginnt?

Es gibt einen Boden, der dich trägt. ...

Heilsatz: Ich lasse mich *sein*.

2 Der Engel der grünen Kraft

Ich bin der Engel der grünen Kraft.
Ich begleite dich auf eine besondere Weise,
denn ich bin für dich da,
wenn es um Themen deiner Gesundheit geht.
Es wäre schön, wenn du heute
etwas für deine Gesundheit tust.

Ich erinnere dich daran,
dass du dir in der Vergangenheit vorgenommen hast,
bewusst und gesund zu leben.
Es gibt nur einen Grund, warum ich das tue:
Ich möchte, dass es dir gut geht,
damit du dich auf deine körperliche
und seelische Bestform zubewegen kannst,
die in deiner jetzigen Lebensphase möglich ist.

Meine Aufgabe kann es sein, dich dabei zu begleiten,
deine gesundheitlichen Ziele zu erreichen
und dich bei Entscheidungen in diesem Lebensbereich
zu unterstützen.

Ich bin der Engel der grünen Kraft und dafür da,
dich auf den Weg der Gesundheit,
also des körperlichen, geistigen und seelischen
Wohlbefindens, zurückzubringen.

Was möchtest du heute für deine Gesundheit tun?

Sage bitte nicht, dass du dafür keine Zeit hättest.
Erinnere dich jetzt daran,
dass deine Gesundheit etwas Kostbares ist.
Sei du es dir wert, meine liebe Seele,
vollkommen gesund zu werden und zu bleiben
auf allen Ebenen deines Seins.

Lasse uns gemeinsam
einen Schritt in diese Richtung gehen. …

Für welchen Schritt entscheidest du dich?

Heilsatz: Gesund zu leben bringt mir Leichtigkeit und Freude.

3 Der Engel der Erdverbindung

Ich bin der Engel der Erdverbindung und du hast mich gewählt,
weil du dich möglicherweise belastet,
erschöpft oder ängstlich fühlst.
Ich kann dir helfen, dich mit der Erde bewusst zu verbinden,
um dadurch neue Kraft zu schöpfen.

Wenn es dir jetzt möglich ist,
dann lasse dich auf die Erde nieder.
Das meine ich im wahrsten Sinne des Wortes:
Am besten legst oder setzt du dich auf den Boden. …
Doch auch wenn du stehen musst oder möchtest,
wird es dir jetzt möglich sein, ganz aufmerksam
deinen dich tragenden Untergrund zu spüren. …

Erlebe die Härte des Bodens. …
Kämpfe nicht gegen den Widerstand an, den er dir bietet,
sondern versuche, ihn allmählich anzunehmen. …
Beginne dazu in den Boden zu spüren
und sei dabei bereit, deine Verspannungen zu lösen. …
Dabei können dir deine nächsten Ausatemströme helfen. …
Nimm sie bewusst wahr, …
lasse ausatmend Spannungen aus dir herausfließen …
und gib dabei dein Gewicht noch mehr an den Boden ab. …

Der Boden ist dein Freund.
Gehe mit ihm in einen bewussten Kontakt,
indem du spürst, wie du ihn berührst.
Ausatmend lasse los und gib dich dem Boden hin. …
Doch halt! Schlafe dabei nicht ein, denn ich möchte,
dass du diesen Kontakt weiter genießen kannst. ☺ …

Spüre nun durch den Boden hindurch
in die Tiefe der Erde. ...
Die Erde schenkt dir nicht nur Widerstand,
damit du dich aufrichten und wachsen kannst,
sondern bietet dir die Grundlage zum Leben,
denn sie versorgt dich mit allem, was du brauchst.

Je mehr du dich ihr hingeben kannst,
indem du dein Gewicht sinken lässt,
umso leichter kannst du Kraft aus der Erde
in dich aufnehmen. ...

Nimm fünf Mal einatmend Kraft aus der Erde auf
und lasse sie ausatmend in deinen Bauch wirken. ...
Können sich deine Gefühle auf diese Weise beruhigen?

Nimm fünf Mal einatmend Kraft aus der Erde auf
und lasse sie ausatmend in deinem Kopf wirken.
Wieweit können deine Gedanken dabei der Stille weichen?

Lasse deinen ganzen Körper sich mit der Kraft der Erde füllen. ...
Lasse dich nähren mit lauter guten Energien,
die jetzt aus dem Mittelpunkt der Erde in dich einströmen ...
und ausatmend in dir wirken können.

Die Erde ist eine wunderschöne Kugel,
die dir Halt gibt, dich nährt
und dich sicher durch das Universum führt.

Heilsatz: Ich spüre in die Erde und empfange ihre Kraft.

4 Der Engel der natürlichen Bedürfnisse

Ich bin der Engel der natürlichen Bedürfnisse.
Ich möchte dich davor beschützen,
dass du dein Wohlbefinden einschränkst
oder dich chronisch erschöpfst,
weil du deinen natürlichen Bedürfnissen
nicht ausreichend nachkommst.

Doch jetzt hast du mich gewählt
und darüber freue ich mich.
Verbindest du dich mit mir,
kann ich dich daran erinnern, wie wichtig es ist,
deinen natürlichen Bedürfnissen Raum zu geben
und sie zu erfüllen.

Es geht um dein Bedürfnis ausreichend zu schlafen,
gesund zu essen, dich körperlich zu pflegen und dich zu bewegen.

Es sind auch noch andere kleinere
oder größere Bedürfnisse damit gemeint:
Rechtzeitig die Toilette aufzusuchen,
ausreichend reines Wasser zu trinken,
genügend Freiraum zu haben, um dich zu erholen
oder in einem guten Maße persönlichen
und sozialen Interessen nachzugehen.

Erfüllst du diese Bedürfnisse,
schaffst du eine stabile Grundlage in deinem Leben.
Ihre Beachtung fördert deine körperlich-seelische Balance.
Jedes dieser Bedürfnisse
ist von zentraler Bedeutung in deinem Alltag.
Hast du beispielsweise nicht genügend Zeit,
deinen Körper zu pflegen
oder ausreichend Raum für einen erholsamen Schlaf zu finden,
solltest du dich nach dem Grund fragen.

*Was ist der tiefere Grund, dass ich mich selbst
auf dieser elementaren Ebene vernachlässige?*

Vielleicht ist die Antwort, dass du zu viel Arbeit hättest,
dass die eine oder andere Verpflichtung in deinem Leben
so wichtig für dich ist, dass du keinen Raum für dich selbst hast.
Möglicherweise fühlst du dich für andere Menschen
und deren Bedürfnisse so verantwortlich,
dass du keinen Platz für dich finden kannst.

Meine liebste Freundin/mein liebster Freund,
was antwortest du?
Lohnt es sich für dich oder für deine Mitmenschen,
wenn du deine persönlichsten Bedürfnisse zurückstellst?

Fühle in dein Herz hinein und finde dort die Antwort. ...
Als dein dich beschützender Engel
weiß ich, dass es in deinem Leben nichts gibt,
was wichtiger wäre als deinen persönlichen Bedürfnissen
den Raum einzuräumen, der ihnen zukommt.

Bleibst du mit mir in Verbindung,
werde ich dich in den nächsten Tagen liebevoll daran erinnern,
wie wichtig es ist, deinen natürlichen Bedürfnissen zu folgen.
Das Pflegen deiner elementaren Grundbedürfnisse
bildet die Basis deines körperlichen Wohlbefindens.

Heilsatz: Beachte ich die Signale meines Körpers,
freut sich meine Seele.

5 Der Engel der Vorfahren

Ich bin der Engel deiner Vorfahren
und verbinde dich durch den Strom der Zeit mit ihnen.
Dabei ist es weder wichtig,
ob du viele deiner Ahninnen und Ahnen
persönlich oder mit Namen kennst
noch ob du gute Erinnerungen an sie hast.
Es reicht aus, dass dir klar ist,
dass die Wurzeln deiner Existenz
tief in der Vergangenheit liegen.

Wenn du bereit bist, dich mit deinem Ahnenfeld zu verbinden,
dann lasse ich hinter deinem Rücken die Seele deiner Mutter
und die Seele deines Vaters erscheinen …
unabhängig davon, ob sie leben oder bereits gestorben sind.
Hinter deinen Eltern erscheinen mit meiner Hilfe
die Seelen deiner Großeltern. …

Es schließen sich die Seelen deiner Urgroßeltern an …
und deren Eltern. …
Auf diese Weise breitet sich das Ahnenfeld immer weiter aus.
Es wächst hinter deinem Rücken bis in den Ursprung der Zeit. …

Spüre aus der Tiefe der Zeit die Kraft,
die durch die Linien der Vorfahren fließt.
Sei dir sicher, dass deine Ahninnen und Ahnen
es gut mit dir meinen und stolz auf dich sind. …
Nimm dir den Raum, die Liebe zu spüren,
die sie durch die Zeit zu dir senden. …

Wenn du bereit bist, meine liebe Seele,
dann drehe dich nun in deiner Vorstellung herum,
um deinen Ahninnen und Ahnen zu danken.
Lasse einen Strom der Dankbarkeit von deinem Herzen her
in dein Ahnenfeld fließen wie ein helles Licht. …

Drehe dich nach einer Weile wieder um,
spüre die Liebe deiner Vorfahren hinter dir
und gehe so gestärkt deinem Alltagsleben nach.

Ich bin der Engel deines Ahnenfelds
und wache stets über euch.

Heilsatz: Ich lasse mich von der Liebe und Kraft
meiner Vorfahrinnen und Vorfahren im Alltag unterstützen.

6 Der Engel des äußeren Reichtums

Ich bin der Engel des äußeren Reichtums
und zeige dir einen Weg,
wie du deinen inneren Reichtum im Außen spiegeln kannst,
um so den materiellen Fluss in deinem Leben anzuregen.

Die Grundlage deines äußeren Reichtums
ist das Ruhen in deinem inneren Wert.
Empfindest du dich selbst als wertvoll,
verändert sich deine Ausstrahlung
und du wirst Menschen in dein Leben ziehen,
die dich in deinem Wert erkennen.

Damit du den Reichtum in dein Leben ziehst,
der dir zusteht, der dir guttut und ausreichend ist,
um dich mit allen materiellen Aspekten zu versorgen,
ist es wichtig, dass du deinen inneren Reichtum mit anderen teilst.

Werde sichtbar mit den Themen,
die du in die Welt bringen möchtest, um damit Geld zu verdienen.
Erkenne dich selbst an.
Drücke deine Freude über deine Fähigkeiten,
deine Kenntnisse und deine Kompetenzen aus.
Sprich positiv über dich selbst, über das, was du kannst
und über das, was dich ausmacht.

Danke jeden Tag für den materiellen Wohlstand,
in dem du bereits lebst.
Das wird deine Freude am Reichsein stärken.
Entwickle eine positive Beziehung zu Geld.
Segne dein Geld, bevor du es ausgibst
und bitte mich darum,
dass es in doppelter Höhe zu dir zurückkehrt.

Tauche vertrauensvoll in den endlosen Fluss
des Gebens und Nehmens ein.
Wenn du gibst, gib mit Freude.
Wenn du empfängst, empfange mit Freude.
Erlaube dir selbst den Reichtum,
der dich von deiner Seele her glücklich macht.

Heilsatz: Ich teile mit Freude meine Gaben und werde
reich beschenkt.

7 Der Engel des Herbstes

Ich bin der Engel des Herbstes und lade dich ein,
voller Freude und Anerkennung auf deine reiche Ernte zu schauen.

Außerdem helfe ich dir dabei,
das loszulassen, was du nicht mehr brauchst.
Liebster Mensch, lasse mich vor dir erscheinen
in den Farben eines sonnigen Herbsttages.
Schaue gemeinsam mit mir auf deine Vergangenheit zurück,
denn ich möchte dir den Blick
für all das öffnen, was in dir gereift ist.

Vielleicht neigst du dazu,
immer nur nach vorn zu schauen,
ohne auf die Entwicklungen zu blicken,
die sich in der vergangenen Zeit ereignet haben.
Es geht bei der Energie des Herbstes nicht nur darum,
den äußeren Ereignissen in deinem Leben
Aufmerksamkeit zu schenken,
sondern auch deine inneren Entwicklungen anzuerkennen.

Blicke mit mir in deine Vergangenheit und lasse uns in einem
oder in allen folgenden sechs Lebensbereichen
auf deine Entwicklung schauen.

1. Liebesbeziehung, Lebenspartnerschaft
2. Familie, Freundeskreis, Bekannte
3. Beruf, Berufung
4. Körper, Gesundheit
5. Finanzen
6. Spiritualität

Frage dich jedes Mal:
Wie habe ich mich entwickelt? ...
Worüber freue ich mich besonders?
Was möchte ich loslassen? ...
Was kann ich dadurch gewinnen? ...

Als Engel des Herbstes empfehle ich dir,
die Freude über die Vergangenheit in dir zu pflegen.
Nimm dir einige Augenblicke Zeit dafür. ...

Lege jetzt eine Hand auf dein Herz und frage dich,
was du loslassen möchtest. ...
Falls keine Antwort entsteht, dann frage dich
von welchem Kummer oder von welcher Enttäuschung
du dich lösen möchtest.

Welche deiner Verhaltensweisen oder Einstellungen
möchtest du gerne verändern?

Meine Liebste/mein Liebster, atme tief in dein Herz
und löse dich mit deinem nächsten Ausatemstrom davon.
Wiederhole diesen tiefen Herzatem so oft,
bis du eine Erleichterung spürst. ...

Als Engel des Herbstes unterstütze ich dich
in deiner Freude an deiner Ernte und helfe dir dabei loszulassen,
um frei zu werden für deine nächsten Entwicklungsschritte.

Heilsatz: Wenn ich in die Vergangenheit schaue, blicke ich
auf die reiche Ernte meines Lebens und freue mich.

8 Der Engel der Mutter Erde

Ich bin der Engel der Mutter Erde.
Meine Aufgabe ist es,
dich auf eine noch bewusstere Weise
mit dieser blauen Kugel zu verbinden,
die durch das Universum fliegt.

Die Erde ist selbst ein wunderbares Lebewesen,
voller Kraft und Schönheit.
Alle Wesen, die auf der Erde leben, sind eins mit ihr.
Auch du, meine liebe Seele, bist eins mit der Erde.
Spüre die Verbindung zu ihr über deine Füße. …
Sie ist deine Mutter und du bist ihr erwachsenes Kind.
Sie versorgt dich mit allem, was du brauchst
und schenkt dir die Kraft der Aufrichtung.

Ich helfe dir nun dabei, deine Fußchakren zu öffnen,
sodass sie wie zwei kleine, leuchtende Sonnen
in die Erde strahlen. …
Lasse ihr Licht sich tief in die Erde hinein verzweigen …
und lasse es immer weiter in die Tiefe leuchten
bis hinein in das Herz der Mutter Erde. …
Nimm den Zeitpunkt wahr,
wenn du das Herz der Mutter Erde mit deinem Licht berührst,
denn dann wird sie dir eine Welle der Liebe senden,
die durch den Boden aufwärts steigt, … durch deine Füße …
und deinen ganzen Körper durchfließt. …

Bitte, meine liebe Seele,
lasse dich von dieser bedingungslosen Liebe durchströmen,
löse dich in diese Liebe hinein. …
Lasse alles gut sein …
und vertiefe dich in diesem Moment. …

Ich bin der Engel der Erde und öffne dir den Weg
mitten in das Herz der Mutter Erde,
die dich zutiefst liebt.

Heilsatz: Ich verbinde mich mit Mutter Erde,
die mich über alles liebt.

9 Der Engel des gesunden Lebens

Ich bin der Engel des gesunden Lebens
und erscheine vor dir in leuchtenden Farben. ...
Wenn du mich gewählt hast,
ist es an der Zeit, dich in deinem Leben für die gesunden
und damit lebensbejahenden Alternativen zu entscheiden.

Nicht die Gewohnheit, die Bequemlichkeit
oder das kurzfristige Vergnügen sollten dein Leben bestimmen.
Du brauchst nichts zu tun oder zu lassen, weil Freundinnen
oder Kollegen auf eine bestimmte Weise handeln.
Du hast die Freiheit,
dich für die Wahlmöglichkeit zu entscheiden, die deiner Gesundheit
und deiner persönlichen Weiterentwicklung dient.

Jeden Tag gibt es viele Situationen,
in denen du dich für ein gesundes Essen,
für eine wohltuende körperliche Bewegung,
für die Lösung eines Konflikts
und den konkreten Abbau von chronischen
oder aktuellen Belastungen entscheiden kannst.

Was kommt dir als erstes in den Sinn,
wenn du die Möglichkeit in Betracht ziehst,
auf eine ganzheitliche Weise gesünder als zuvor zu leben?

Auch deine Mitmenschen wünschen sich,
dass es dir gut geht und du stark bleibst.
Sie zählen auf dich und freuen sich über deine gesunde Kraft,
über dein gutes Aussehen und deine positive Stimmung.
Den Weg der Gesundheit zu gehen,
bedeutet sich selbst Liebe zu schenken.
Ich helfe dir dabei,
indem ich dir deine Wahlmöglichkeit deutlich vor Augen führe.

Bitte, lasse mich heute
dein Begleiter und deine kluge Ratgeberin sein.
Lauschst du immer mal wieder in dein Herz,
wirst du meine Stimme hören, die dich beraten kann.
Wenn du mich fragst, werde ich dich auf die positiven Folgen
eines gesundheitsorientierten Handelns aufmerksam machen.

Ich möchte, dass es dir gut geht.
Kehre auf den Weg der Gesundheit zurück oder intensiviere ihn.
Dies ist der einzige Weg, der es dir möglich macht,
dein volles Potenzial als Mensch auszuleben.
Auf diesem Weg ist dir der Boden sicher,
auf dem dein Glück gedeiht.

Heilsatz: Ich bin es mir wert, gesund zu leben.

10 Der Engel des Heims

Ich bin der Engel deines Heims.
Ich lade dich zu einem Spaziergang durch deine Wohnung ein.
Lasse uns gemeinsam alle Räume in Ruhe betrachten.
Lasse uns all das Schöne und Stimmige
in deinem Heim wahrnehmen
und die Freude daran gemeinsam genießen.
Und lasse uns auch die Bereiche anschauen,
in denen du etwas verändern könntest,
um dich noch wohler zu fühlen,
gesünder oder fröhlicher.

Doch bevor wir diesen Rundgang machen, meine liebe Seele,
entspanne dich und lasse dein Körpergewicht sinken, lasse los. ...
Wenn du magst, schließe die Augen
und lasse mit deinem nächsten Ausatemstrom
alle deine Gedanken gehen...
und finde dich in deinem Stirnraum ein.
Lasse hier einen großen Raum entstehen.
Dort wirst du mich als ein helles Licht erkennen. ...

Während dein Körper sich noch tiefer ausruhen kann, ...
stell dir vor, wie wir gemeinsam vor deiner Wohnungstür stehen.
Wenn du bereit bist, dann öffnet sich die Tür
und wir beide treten ein.
Schaue dich in deiner Wohnung um und achte darauf,
was du siehst. ...
Nimm aufmerksam wahr,
ob deine Energie beim Schauen steigt oder sinkt,
wenn dein Blick in einer Ecke oder auf einem Möbelstück ruht. ...

Betreten wir so den ersten Raum,
in dem du deinen Blick umher schweifen lassen kannst.
Vielleicht fällt es dir auch leichter,
das Ansteigen oder Sinken deiner Lebensenergie wahrzunehmen,
wenn du dir eine Ampel vorstellst.

Zeigt dir deine Ampel grün, dann bist du mit dem,
was du siehst, vollkommen einverstanden.

Bei einer gelben Ampel, bleibt die Lebensenergie stabil
und du kannst dich fragen,
ob vielleicht eine Kleinigkeit geändert werden kann,
damit dir das, was du wahrnimmst, noch besser gefällt.
Eine rote Ampel bedeutet, dass deine Lebensenergie
beim Anblick eines Möbelstücks, einer Farbe
oder einer unordentlichen Ecke sinkt.

Begib dich in dieser aufmerksamen Haltung

durch alle Zimmer deiner Wohnung und nimm dir Zeit. ...
Ich bin an deiner Seite und wir lassen gemeinsam
den Blick von einer Ecke zur anderen schweifen. ...

Nimm immer wieder deine Ampel wahr,
nimm dir Zeit wahrzunehmen
wie sich die Lebensenergie in dir bewegt,
je nachdem in welche Richtung du deinen Blick lenkst. ...

Es geht nicht darum zu denken, dass dieses Möbelstück
oder jede Ecke schon in Ordnung sei, sondern darum,
es wirklich zu fühlen oder es körperlich zu empfinden.

Was hebt deine Stimmung?
Was lässt deine Lebensenergie stagnieren?
Und was kann verändert werden, damit sie in dir steigt?

...

Nach dem Rundgang kommen wir wieder zu deiner Wohnungstür.
Löse dich vom Anblick der Tür
und komme mit deiner Aufmerksamkeit zu deinem Körper zurück,
der sich ausruhen und entspannen konnte.

Was hat dir Freude gemacht?
Oder anders ausgedrückt, wann war die Ampel grün?

Mache dir in nächster Zeit
das, was du als angenehm oder schön erlebst, immer wieder bewusst
zu deiner eigenen Freude.

An welchen Stellen war deine Energie neutral
oder wo hat die Ampel gelb angezeigt?
Wie kannst du diese Situationen mit wenigem Aufwand verändern,
damit die Ampel von gelb auf grün wechselt
und damit deine Freude und Zufriedenheit wächst?

Bei welchem Anblick ist deine Energie gesunken,
hast du dich unwohl gefühlt und die Ampel zeigte rot.
Wie kannst du diese Gegebenheiten verändern?
Welche Verbesserungsideen fallen dir spontan ein?

Lasse ein inneres Bild entstehen,
wie du diese Bereiche gerne gestalten würdest. ...
Mache noch heute einen kleinen Schritt,
um diese Ideen umzusetzen.
Denke daran, dich über jeden deiner Schritte zu freuen.
Wir Engel werden uns mit dir freuen.

Ich bin der Engel deines Heims.

Ich möchte, dass du dich in deinem Zuhause wohlfühlst,
denn deine Wohnung steht in enger Verbindung
mit deiner Persönlichkeit.
Sei es dir wert, dass du hier eine Atmosphäre vorfindest,
in der du dich erholen kannst, dein Wohlbefinden steigt
und du deine Familie sowie Freundinnen
und Freunde gerne triffst.

Ich segne dich in deinem Zuhause.
Ich segne alle Menschen und Tiere,
die dort leben sowie alle Gegenstände.
Erlebe, wie mein goldener Segen durch dein Heim fließt. …

Heilsatz: Schönheit und Harmonie umgeben mich.

11 Der Engel aller Berge

Ich bin der Engel aller Berge und wenn ich bei dir bin,
dann schenke ich dir ein festes Fundament
und einen weiten Blick.

Schaffe dir die Möglichkeit,
dich für eine kleine Weile zurückzuziehen.
Sorge an deinem Rückzugsort dafür,
dass es keine Störungen von außen geben kann.
Nun lasse dich nieder und finde eine Position,
in der du aufrecht sitzt und dich wohlfühlst. …

Ich erscheine vor dir in der Lichtgestalt
eines wunderschönen Bergs.
Mein Kopf leuchtet wie die Sonne über dem Gipfel. …
Wenn du bereit bist, meine liebevolle Macht zu erfahren,
dann bitte mich näher heran.
Ich komme nun so nah zu dir, dass ich beginnen kann,
dich mit meiner Lichtkraft zu umhüllen.
Keine Sorge, ich umhülle dich mit dem Geist der Berge
und nicht mit Fels. ☺ …

Nach einer Weile kannst du erleben,
wie du ganz von meiner lichtvollen Gestalt umgeben bist. …
Meine Freundin/mein Freund, lasse uns jetzt gemeinsam
nach unten spüren, zu meinem Fundament. …
Erlebe mit mir, wie ich nach unten immer breiter werde, …
nicht nur nach rechts und links,
sondern auch nach vorn und hinten. …
Spüre, wie sich unsere Basis nach unten …
immer tiefer in die Erde ausdehnt. …
Nimm wahr wie wir jetzt gemeinsam

tief im Fundament der Erde ruhen,
ja, ein Teil der Erde selbst sind. ...
Erlebe, wie wir sicher mit der Erde verbunden sind. ...

Öffne deine Wahrnehmung für die Ruhe und die Sicherheit,
die die Erde uns aus ihrer Mitte heraus schenkt.
Empfange einen warmen Strom aus der Erde,
der jetzt von unten nach oben aufwärts fließt. ...

Bewege dich dabei mit deiner Aufmerksamkeit mit nach oben, ...
bis du dich auf einem Berggipfel sitzend erleben kannst. ...
Spüre, wie du von mir und der gesamten Erde getragen wirst. ...
Erlebe die Weite um dich herum,
und lasse deinen Blick sich in der Tiefe des Horizonts verlieren. ...

Aus der Sicherheit des Getragenseins,
spüre dich im weiten Raum.
Erlebe dich als geborgen und frei.

❋

Bist du erst einmal mit mir vertraut,
dann lasse mich in Situationen um dich herum wirken,
in denen du Sicherheit und Weitblick brauchst.

Heilsatz: Ich lasse mich von der Erde tragen und fühle mich frei.

Komme in die Freude und genieße dein Leben

Der in orangefarbenes Licht getauchte Strand mit der Muschel ist ein Bild des Wohlbefindens. Die Muschel symbolisiert dabei ein Nachhausekommen und ein Sich-Geborgen-Fühlen.

In diesem Sinn möchten die folgenden Engelbotschaften deine Lebensfreude und die Fähigkeit, dein Leben in vollen Zügen zu genießen, stärken. Das wird dir umso leichter gelingen, je mehr seelische Verletzungen aus der Vergangenheit heilen. Fühlt sich dein inneres Kind bei dir sicher und geborgen, schenkt es dir seine bedingungslose Liebe und grenzenlose Freude.

Verbindest du dich mit positiven Gefühlen und schaust bewusst auf das Stärkende und Gute um dich herum, wird dir das eine innere Kraft verleihen, die dein Selbstvertrauen wachsen lässt.

12 Der Engel der Erholung

Ich bin der Engel der Erholung
und ich sehe es, wenn du müde bist.
Doch kämpfe nicht dagegen an.
Müdigkeit und Erschöpfung sind eine natürliche Reaktion
auf die Herausforderungen des Lebens.

Als deine liebevolle Gefährtin bitte ich dich,
nicht auch noch dein letztes Quäntchen Energie zu geben,
um deine Mitmenschen zufriedenzustellen
oder deinem eigenen Perfektionismus zu dienen.

Wie wäre es, wenn du deine Aktivitäten
heute etwas zurücknimmst?

Du könntest einige Aufgaben mit halber Energie erledigen.
Oder noch besser wäre es,
wenn du dir eine lange Pause
oder einen frühen Feierabend gönnen würdest,
damit du deiner Erschöpfung Raum geben kannst.
So könnte eine natürliche Erholung in dir beginnen.

Ihr Menschen seid nicht dazu gedacht,
immer nur tätig zu sein.
In den Phasen des Nichtstuns und der Ruhe
findet eine tiefe Regeneration statt.
Erlebnisse können verarbeitet werden,
dein Nervensystem kann sich erholen
und deine Seele aufatmen.

Darum ist es wichtig,
Müdigkeit und Erschöpfung wahrzunehmen
und ihr Raum zu geben.
Nutze deine Chance
zu einer wohltuenden Erholung auf allen Ebenen.
Gibst du der Erschöpfung nach
und begibst dich in die Ruhe,
wird es auch einfacher für dich werden,
die Verbindung zu uns Engeln zu spüren.

Nimm dir jetzt einige Augenblicke Zeit,
und lasse es aufatmen. …
Lasse es in dir still werden …
und empfange meinen Segen. …

Heilsatz: Ich schenke mir Zeiten der Erholung.

13 Der Engel des Glücklichseins

Meine liebe Seele, ich bin der Engel des Glücklichseins.
Heute möchte ich dir
die heitere Seite des Lebens näher bringen.
Sieh mich mit meinen bewegten, strahlenden Farben.

Erlaube es mir bitte, deine Stimmung ganz sanft anzuheben,
indem ich dir Sonnenschein in deine Seele hauche …
und deinen Blick für die schönen
und wertvollen Gegebenheiten öffne,
die dich gerade umgeben.

Dein Glück liegt nicht am Ende einer langen Straße.
Das Glück ist dir stets nahe, weil es in dir selbst liegt.
Deshalb lade ich dich heute dazu ein,
allen Ereignissen eine positive Seite abzugewinnen.

Verpasst du den Bus,
freue dich über die gewonnene Atempause.
Stehst du im Stau, sinke entspannt in deinen Sitz.
Wenn die Dinge nicht so laufen, wie du möchtest,
atme tief ein und mit einem Lächeln wieder aus.

Verbinde jede Herausforderung mit einem Lächeln
und entscheide dich für dein Glücklichsein. …
Im Glücklichsein hat sich dein Herz von selbst geöffnet
und strömt Freude in alle Richtungen aus.

Lasse dir von mir Augen und Ohren öffnen,
damit deine Seele erleben kann,
wie gut es ist, auf dieser Welt zu sein.

Du bist hier, um glücklich zu sein.

Heilsatz: Ich bin grundlos glücklich.

14 Ich bin der Engel der Sicherheit

Ich bin der Engel der Sicherheit.
Wenn du dich ungeschützt, dünnhäutig
und angreifbar erlebst, dann rufe mich,
damit ich dir helfen kann,
in deinen sicheren Raum zurückzukehren.

Zeichne mit deinem ausgestreckten Arm
einen Kreis um dich oder stell dir einen solchen Kreis vor.
Mit meiner Hilfe kann dieser Kreis noch heller
und noch lichtvoller werden.
Verbreitere den Kreis und verjünge ihn nach oben und unten,
sodass allmählich eine Lichtkugel daraus entsteht.

Du hast die Möglichkeit, diese Kugel
um dich herum auszuweiten. …
Doch wenn es dir angenehmer ist,
kannst du sie auch etwas kleiner machen.
Wähle die Größe, in der du dich vollkommen wohl
und beschützt fühlst.

Wechsle nun die Farben der Kugel
und spüre die Wirkung auf dich.
Wie fühlst du dich in einer blauen Kugel,
in einer roten, gelben oder grünen? …

Bleibe bei der Farbe,
bei der du dich am wohlsten und sichersten fühlst.
Vielleicht möchtest du auch der Innenseite deiner Lichtkugel
eine andere Farbe als der Außenseite geben. …

Ich verankere die Kugel in der Erde,
ganz gleich wohin du auch gehst.
Entspanne dich in deinem geschützten Raum
und genieße die Wirkung der Farben.
Ich helfe dir, die Kugel zu stabilisieren.

Fühle dich sicher und beschützt.

Heilsatz: In meiner Schutzkugel fühle ich mich wohl und sicher.

15 Der Engel der Harmonie

Ich bin der Engel der Harmonie
und möchte dir bewusst machen,
dass du in jeder Lebenssituation Harmonie finden kannst.
Harmonie ist ein Prinzip der Lebendigkeit,
das sich von allein entfaltet, wenn alles in dir im Fluss ist.

Statt Wege zu finden, die deine körperlichen
oder seelischen Blockaden lösen,
gibt es einen anderen Weg,
wie du in deine Harmonie zurückfinden kannst.
Alles in deinem Leben wird fließender und stimmiger,
wenn du der Harmonie Aufmerksamkeit schenkst.
Harmonie ist nicht das Ergebnis harter Arbeit,
sondern Ausdruck einer liebevollen Präsenz.

Ich möchte dir heute drei Wege zeigen,
wie du auf einfache Weise wieder in einen ruhigen
und harmonischen Lebensfluss zurückfinden kannst.

Stell dich hin oder sitze aufrecht und sorge dafür,
dass du nach rechts und links Platz hast,
um deine Arme gleich auszubreiten.
Spüre jetzt deinen Einatem und spüre deinen Ausatem. ...
Nimm im Einatem deine Arme über deine Vorderseite aufwärts,
bis sie sich über deinem Kopf in der Senkrechten befinden. ...
Nun lasse deine Arme in deinem Ausatemstrom
gleichzeitig nach rechts und links über die Seiten sinken. ...

Bei den nächsten Durchgängen
lasse die Bewegung so langsam werden, wie du atmest. ...
Je mehr deine Körperbewegung sich an den Atem anschließt,
desto leichter wirst du in deine Harmonie zurückkehren.
Wenn du nach einer Weile die Übung beendest,
nimm wahr, welche Veränderung es in dir gibt. ...

Der nächste Vorschlag schließt sich an die erste Übung an.
Versuche jede alltägliche Bewegung möglichst harmonisch
auszuführen:
- Erhebe dich harmonisch von deinem Platz.
- Bewege dich harmonisch von einem Ort zum anderen.
- Räume die Geschirrspülmaschine harmonisch aus und so weiter.

Der dritte Weg ist der einfachste: Lasse mich einfach bei dir sein.
Lasse mich ganz fein den Raum um dich herum
mit harmonischen Energien füllen,
die du dir wie Farben vorstellen kannst, die du gerne magst
oder wie Düfte, die du liebst. ...
Auf diese Weise breitet sich Harmonie um dich herum aus
und durchwirkt deinen Lebensraum. ...

Lässt du mich weiter bei dir sein?

Du kannst dich jederzeit für Harmonie entscheiden.
Sie beginnt mit kleinen Veränderungen zum Guten,
Fließenden und Stimmigen hin.
Im Laufe der Zeit weitet und verdichtet sie sich
zu einem positiven Energiefeld,
das dich in allen Lebenslagen begleitet und beglückt.

Heilsatz: Ganz gleich, wie die Umstände sind, ich bleibe
in Harmonie.

16 Der Engel des weiblichen Prinzips

Ich bin der Engel des weiblichen Prinzips
und scheine in rosaroten Tönen.
Hast du mich gewählt,
dann gibt es in deinem Leben mindestens einen Bereich,
in dem du dich verhärtest hast,
weil es dir an Vertrauen und damit an innerem Strömen fehlte.

Ich unterstütze dich,
indem ich dich wieder neu
mit dem weiblichen Prinzip verbinde,
damit du wieder in deinen Fluss kommst,
vertrauen kannst und empfänglich wirst
für das Gute, das dir das Leben zukommen lässt.
In sanften Farben erscheine ich an deiner linken Seite…
und lege meine Hände zart auf deinen vorderen
und hinteren Herzbereich. …

Durch meine Hände strömen weiche Farben in dein Herz.
Vielleicht siehst du einen rosafarbenen Ton
oder andere Heilschwingungen, die ich dir jetzt sende. …
Lasse die Farben in dein Herz fließen,
sodass sich hier Verhärtungen lösen können…
und du meine Liebe empfinden kannst. …

Lasse es bitte zu, dass sich dein Herzzentrum
langsam, wie eine wunderschöne Blüte, öffnet. …
Spüre in den Blütenkelch deines Herzens
und erlebe wie meine Liebe deinen Herzinnenraum berührt. …

Erlebe dich in deinem Empfänglichsein…
und lasse meine liebevolle Energie von deinem Herzen aus
sich in deinem ganzen Körper ausbreiten. …
Alles, was in dir ins Stocken geraten ist, was sich verhärtet hat,
darf jetzt wieder in ein weiches Fließen zurückfinden. …

Bleibe in meiner Liebe. ...
Bleibe empfänglich für all das Schöne und Gute in deinem Leben.
Lasse dein Herz offen für Freundschaft, Liebe
und für jedes Lächeln, das dir in deinem Leben begegnet.

Heilsatz: Ich bin empfänglich für alles Schöne und Gute
in meinem Leben.

17 Der Engel der Entspannung

Ich bin der Engel der Entspannung.
Hast du mich gewählt, trägst du einige Themen in dir,
die nicht nur zu körperlichen Verspannungen geführt haben,
sondern auch deine Seele nicht zur Ruhe kommen lassen.

Ich lade dich jetzt ein, dich zu entspannen.
Mache es dir im Sitzen oder im Liegen bequem
und erlaube mir jetzt mit meinem leuchtenden Licht
vor dir zu erscheinen. ...

Um dich entspannen zu können,
brauchst du zunächst die innere Bereitschaft loszulassen.
Du kannst diese Bereitschaft fördern,
indem du drei Mal diese Aussage in dir wirken lässt:

Ich bin jetzt bereit loszulassen.

Ich werde dich jetzt an einigen Körperpartien berühren
und durch diesen zarten Kontakt kann meine Engelenergie
in dich einfließen.
Auf diese Weise lade ich deine angespannten Muskeln ein,
loszulassen, denn Gelöstheit und freie Beweglichkeit
gehören zu deiner wahren Natur.

Zunächst berühre ich deine Füße auf der Mitte deiner Fußrücken. ...
Spüre diesen sanften Kontakt ...
und wie eine lichtvolle Energie in die Füße strömen kann,
um dein Loslassen zu unterstützen. ...
Nimm nun wahr wie sich das Loslassen
von deinen Füßen aus fortsetzen kann
in deinen ganzen Beinen. ...

Nun berühre ich deine Handinnenflächen ganz sanft
mit meinen Engelhänden.
Nimm diesen Kontakt wahr ...
und erlebe wie mein helles Licht in dich einströmt. ...
Dadurch kann sich die Spannung in den Handinnenflächen lösen. ...

Lasse die Lösung sich in den Fingern fortsetzen …
bis in die Fingerspitzen hinein. …
Aus der Erfahrung deiner gelösten Hände
kann sich die Entspannung in der Länge deiner Arme fortsetzen. …

Nun berühre ich dich auf der Mitte deines unteren Bauches
und lade dich damit ein, den Kontakt wahrzunehmen …
und meine sanfte Energie in dir aufzunehmen. …
Das kann dir helfen, in deinem ganzen unteren Bauch loszulassen.

Anschließend berühre ich dich auf der Mitte deines Brustbeins. …
Lasse auch hier über die Berührung
meine helle Energie in dich einfließen, …
sodass du aus der Mitte deines Herzens leichter loslassen kannst,
in alle Richtungen. …

Schließlich berühre ich dich auf deiner Stirn. …
Nimm den Berührungspunkt genau wahr …
und lasse über diesen Kontakt
mein Licht in deinen Kopf strömen. …

Erlaube dir aus der Mitte des Kopfes loszulassen,
damit die Gedanken ausklingen können,
bis eine wunderbare Stille in dir entsteht. …

Spüre dich in dieser Stille, …
erlebe dich in deiner Entspannung, …
in deinem Loslassen, …
jetzt in diesem Augenblick. …

Wo darf ich dich jetzt noch berühren?
Nenne mir die Stelle, wo du dir meine Hand wünschst.
Nimm auch dort die Berührung wahr, …
lasse mein Licht in dich einfließen …
und erfahre Entspannung, Lösung
und ein damit verbundenes tiefes Ankommen in dir selbst. …

Ich bin für dich da, wann immer du mich brauchst.
Rufe mich auch in alltäglichen Situationen zu dir,
sodass ich dir helfen kann, ein entspanntes Leben zu führen.

Heilsatz: Ich spüre die Hand meines Engels und entspanne mich.

18 Der Engel des heilenden Segens

Ich bin der Engel des heilenden Segens
und möchte dir bewusst machen, dass Heilung immer möglich ist,
ganz gleich wie lang eine Verletzung zurückliegt.

Geht es dir gut und fühlst du dich stabil,
dann kannst du mutig zu einer Verletzung schauen,
die vielleicht eine längere Zeit zurückliegt
und die noch nicht ausheilen konnte.

Möglicherweise hast du ein aktuelles Thema,
das dich körperlich oder seelisch schmerzt.
Doch unabhängig davon,
was und wann es auch immer geschehen ist,
du hast gleich die Chance, dich einer Wunde zu widmen
und durch meinen Segen deine Selbstheilungskraft zu stärken.

Wie heißt dein Heilungsthema?

Nachdem du dich auf ein Thema festgelegt hast
und den Weg der Heilung gehen möchtest, sprich:

Ich bitte um einen Heilungssegen, damit ... (Beschreibe in
positiven Worten die Wirkung der gewünschten Heilung.)

Ich stehe mit meiner hellgoldenen Gestalt nah bei dir.
Nimm dir etwas Zeit mich wahrzunehmen. …
Mache dich bitte bereit, meinen Heilsegen zu empfangen,
indem du dich bewusst mit der Erde verbindest.
Spüre dazu über deinen Bodenkontakt in die Erde. …

Ich fasse nun deine beiden Hände.
Lasse dir Zeit, deine Wahrnehmung
für diese sanfte Berührung zu öffnen. …
Über diesen Kontakt strömt jetzt
mein sanftes, goldenes Licht in deinen Körper ein. …

Nachdem sich dein ganzer Körper damit gefüllt hat, …
beginne damit, dir deine Chakren zu vergegenwärtigen. …
Nimm die Chakren von unten nach oben wahr und erlebe dabei,
wie mein goldener Heilsegen auch dort wirksam wird. …

Verweile einige Momente in jedem deiner Chakren
und lasse meinen Heilungssegen dort wirken.
Spüre dein Wurzelchakra in meinem heilenden Segen. …
Spüre dein Sakralchakra in meinem heilenden Segen. …
Spüre dein Solarplexuschakra in meinem heilenden Segen. …
Spüre dein Halschakra in meinem heilenden Segen. …
Spüre dein Stirnchakra in meinem heilenden Segen. …
Spüre dein Kronenchakra in meinem heilenden Segen. …

Lasse meinen goldenen Heilsegen vom Kronenchakra aus
sich in deiner Aura ausbreiten. …
Genieße einfach diesen goldenen Fluss, …
der deine Blockaden auf eine sanfte Weise lösen kann, …
und dich mit dem höchsten Potenzial an Heilung verbindet. …

Lasse dich in meinem Segen heilen. ...
Ich bleibe solange bei dir, wie du es möchtest. ...

✻

Auch wenn du diese Meditation mit mir beendest,
kannst du mich doch jederzeit wieder in dein Leben rufen.
Ich bin der Engel des heilenden Segens
und es gibt nichts Schöneres für mich,
als dir zu helfen, heil, gesund und stark zu werden.

Heilsatz: Ich öffne mich für einen heilenden Segen.

19 Der Engel der Selbstfürsorge

Ich bin der Engel der Selbstfürsorge
und verbinde mich gerne mit dir, um dir zu zeigen,
dass es immer möglich ist, sich noch ein wenig wohler,
stimmiger, entspannter oder glücklicher zu fühlen.

Ich weiß, dass du dich im Alltag oft selbst vergisst,
weil du dich für eine gute Sache engagierst.
Ich lade dich herzlich dazu ein,
nicht in erster Linie an andere Menschen zu denken,
um sie liebevoll zu versorgen, sondern an dich selbst.

Ich bringe dir, als einen Aspekt der Selbstliebe,
die Selbstfürsorge zurück in dein Alltagsleben
und aktiviere sie sanft in deinem Sakralchakra,
indem ich einen rosaweißen Kristall hineinlege. ...
So hast du es etwas leichter,
dich für dein Wohlergehen zu öffnen. ...
Wir Engel hören dich schon fragen:

Wie kann ich den Weg der Selbstfürsorge gehen?

Lasse bitte die Energie des rosaweißen Kristalls
sich über deinen Bauchraum hinaus ausweiten ...
in deinem ganzen Körper ...
und noch darüber hinaus in dein Umfeld. ...

Auf diese Weise verstärkt sich
deine freundliche Zuwendung dir selbst gegenüber.
Aus diesem Bewusstseinszustand heraus
kannst du dir jederzeit die Frage stellen:

*Was kann ich in diesem Augenblick tun,
damit es mir ein kleines bisschen besser geht?*

Vielleicht lautet die Antwort
zwischendurch einmal tief durchzuatmen,
dich in deiner Körperhaltung zu entspannen,
einen aufgeschobenen Anruf zu erledigen,
reines Wasser zu trinken
oder einfach nur eine Pause zu machen. ...

Höre tief in deinem Herzen die Antwort.
Hier bist du mit der Stimme deiner Seele verbunden
und kannst uns Engel flüstern hören.

Auf dem Weg der Selbstfürsorge bin ich stets bei dir
und unterstütze dich.

Heilsatz: Ich sorge stets dafür, dass es mir gut geht.

20 Der Engel der Zärtlichkeit

Ich bin der Engel der Zärtlichkeit.
Wenn du mich rufst, erscheine ich vor dir
in meinen rosafarbenen, goldenen
und hell orangefarbenen Wellen
und erinnere dich an deine Fähigkeit zärtlich zu sein.

Ich möchte die liebevolle Kraft in dir stärken,
die jeder Zärtlichkeit innewohnt.
Erinnere dich daran, wie es ist,
ein zärtliches Gefühl für einen Menschen zu haben. ...
Doch bitte vermeide es, gedanklich dorthin zu gehen,
wo du möglicherweise einen Mangel an Zärtlichkeit erlebst.

Öffne dich für ein zärtliches Gefühl
und lasse es sich in deinem Körper ausweiten. ...
Lasse dabei folgende Bestärkung wirken:

Ich bin es mir wert, mir Zärtlichkeit zu schenken.

Zärtlichkeit in Bezug auf dich selbst kann bedeuten,
dir einmal freundlich über dein Gesicht zu streicheln
oder dich selbst liebevoll in die Arme zu schließen.
Probiere es aus. ...

Zärtlichkeit ist nicht auf das menschliche Miteinander beschränkt,
sondern kann sich auch auf eine Tätigkeit beziehen, die du liebst, ...
auf ein Tier, das du magst ... oder auf eine Sache, die du schätzt. ...

Wem oder was möchtest du Zärtlichkeit schenken?

Zärtlichkeit macht dein Leben reicher und erfüllter.
Sie vermittelt dir ein stilles Gefühl der Zufriedenheit.

Das, was du ausstrahlst, wird vielfach zu dir zurückkommen.

Heilsatz: Strahle ich Zärtlichkeit aus, kehrt Zärtlichkeit zu mir zurück.

21 Der Engel der Selbstsicherheit

Ich bin der Engel der Selbstsicherheit.
Wenn du mich zu dir gerufen hast,
dann brauchst du meine Rückenstärkung.

Vielleicht gibt es in deinem Alltag Situationen,
in denen du zauderst, dich nicht traust,
einen weiteren Schritt zu machen
oder an deinem eigenen Wert zweifelst.
Wenn du mich in diesen Augenblicken rufst,
werde ich dich stärken.
Denke nun an eine Situation,
in der es dir an innerer Sicherheit fehlt. …
Nimm dir ein wenig Zeit,
die Gefühle der Unsicherheit wahrzunehmen,
die dabei auftauchen.
Vielleicht entsteht ein flaues Gefühl in deinem Magen,
ein inneres Zittern oder eine Blockade,
die auf irgendeine Weise dein Unbehagen ausdrückt. …

Wenn du es mir erlaubst, lege ich meine Hand dorthin,
wo du diese Gefühle der Unsicherheit wahrnimmst,
und meine andere Hand lege ich auf deinen Rücken. …
Ich lasse meine Heilenergie als orangefarbenes Licht
in dich einströmen, sodass der Ort mit den unsicheren Gefühlen
ganz davon durchströmt wird.

Jetzt intensiviere ich das strahlende orangefarbene Licht. …
Lasse es durch alle Bereiche deines Körpers strömen
und um dich herum. …
So dürfen sich jetzt in deinem ganzen Energiesystem
weitere Spannungen lösen. …

Jetzt lege ich beide Hände auf deinen Rücken,
dorthin, wo es dir guttut.
Auf diese Weise gebe ich dir Kraft,
Rückenstärkung und Rückhalt. …
Nimm dabei wahr, ob du dich schon etwas sicherer fühlst. …

Habe Freude an diesem Kraftzuwachs …
und an dem Steigen deiner Selbstsicherheit. …
Denke jetzt an deine nächsten Schritte,
die du unternehmen wirst. …

Ich bin bei dir und werde dir helfen,
in deiner Selbstsicherheit zu bleiben. ...
Du kannst mich jederzeit zu dir rufen,
damit ich dir durch meine Hände
weitere Kraft und Sicherheit vermitteln kann.

Heilsatz: Mein Engel schenkt mir Rückenstärkung.

22 Der Engel der Bewegungsfreude

Ich bin der Engel der Bewegungsfreude
und es ist mir eine Ehre, dich dabei zu unterstützen,
in Bewegung zu kommen.
Wenn du mich gewählt hast, kann es sein,
dass du dich entweder zu wenig bewegst
oder es deinen Bewegungen an Freude mangelt.

Vielleicht hast du schon einmal erlebt,
wie ein Schmerz dich in deiner Beweglichkeit eingeschränkt hat
und du erinnerst dich daran, wie sehr du dich gefreut hast,
als der Schmerz vorüber war
und du dich wieder frei bewegen konntest.
Diese Freude an der Bewegung, mein liebster Mensch,
steht dir jederzeit offen.

Ganz gleich wo du dich befindest, ob du liegst, sitzt oder stehst,
nimm wahr wie du dabei deinen Körper spürst. ...

Wenn du gerade die Möglichkeit hast,
dann gehe ein Stück des Weges.
Erlebe, wie du ausschreitest, ... wie deine Hüften schwingen, ...
deine Wirbelsäule sich bewegt, ...
deine Arme sich im gelösten Schwung befinden ...
und dein Kopf sich dabei immer wieder neu ausbalanciert. ...

Wenn du gerade keine Möglichkeit hast,
einen kleinen Spaziergang zu machen,
bewege doch deine Schultern ein wenig,
indem du sie auf eine leichte Weise kreisen lässt, ...
oder spiele etwas mit den Bewegungen deiner Finger. ...
Und wenn du jetzt noch deine Gesichtszüge dabei entspannst,
indem du ein kleines Lächeln entstehen lässt,
was sollte dann noch deiner Bewegungsfreude entgegenstehen? ☺

Auch wenn du nur ein bisschen Freude
an deiner Bewegung wahrnehmen kannst,
sei dir sicher, dass sie größer wird,
wenn du ihr weitere Aufmerksamkeit schenkst. ...

Ich bin dein Engel der Bewegungsfreude
und lade dich ein, dich mit mir gemeinsam
voller Freude durch den Tag zu bewegen.

Heilsatz: Meine Bewegungen sind leicht, voller Freude
und Harmonie.

23 Der Engel der Abenteuerlust

Ich bin der Engel der Abenteuerlust.
Rufe mich zu dir, wenn sich Langeweile in dir ausbreitet
oder wenn dein Leben aufgeräumt und durchgeplant ist.

In diesen Situationen fordere ich dich auf, etwas zu wagen,
mehr oder weniger aus der Reihe des Alltäglichen zu tanzen
und anders zu sein als der breite Strom der Masse.

Ein Abenteuer für deine Seele
muss nicht dein ganzes Leben verändern,
doch eines macht es bestimmt:
Es holt dich aus deinen Gewohnheiten
und schärft deine Sinne, sodass du wacher hörst,
intensiver spürst und bewusster siehst.

Nach welchem Abenteuer verlangt deine Seele?

In einem jeden guten Abenteuer
findest du eine Herausforderung, aber keine Überforderung.
Ein Abenteuer ist keine Dummheit,
auch wenn es eine humorvolle Seite haben kann.
Ein Abenteuer ist etwas,
das vielleicht einen ungewissen Ausgang hat.
Doch du wirst mit deiner ganzen Persönlichkeit
hinter diesem Risiko stehen können.

Halte die Augen offen
und lasse uns heute gemeinsam ein Abenteuer erleben.

Heilsatz: Ich bin für ein Abenteuer bereit.

24 Der Engel des sinnlichen Vergnügens

Ich bin der Engel des sinnlichen Vergnügens und ich freue mich,
dass du mit all deiner Lebendigkeit bei mir bist.
Heute bin ich hier, um dich einzuladen
deine Lebensfreude zu steigern,
indem du beginnst, das Leben noch mehr zu genießen.

Sinnlich zu leben bedeutet, dass du deine fünf Sinne tief auskostest
und dabei möchte ich dich heute begleiten.

Wenn du etwas Schönes siehst, dann erlebe die Freude daran.
Es gibt so viel zu sehen, was du genießen kannst: eine Blume,
einen Baum, einen Menschen, den du magst, deine Lieblingsfarben.
Lenke deinen Blick jetzt auf etwas Schönes
und erlebe, was sich an Wohltuendem in deiner Seele öffnet.

Hörst du etwas Angenehmes, dann vertiefe dich darin.
Es gibt in deinem Leben so viel Schönes zu hören:
Die Stimme eines geliebten Menschen, deine Lieblingsmusik,
das vertraute Rauschen deiner Kaffeemaschine,
den Gesang der Vögel und vieles mehr.

Was kannst du Angenehmes fühlen oder ertasten? …
Spüre den Stoff, mit dem du bekleidet bist,
den Boden unter deinen Füßen. …
Habe immer etwas dabei, das du gerne berührst,
beispielsweise einen Stein, eine Feder
oder eine Kastanie, und genieße die Berührung.

Wende dich bewusst der Welt der Düfte zu.
Vielleicht ist es dir möglich,
dich mit einem natürlichen Duft zu umgeben, den du magst.
Genieße außerdem den Duft deines Essens,
das duftende Aroma von frisch aufgebrühtem Kaffee
oder deines Lieblingstees, den Duft des Waldes oder einer Rose.
Lasse dich von guten Düften bezaubern.

Schmecke ganz bewusst alle Lebensmittel, die du zu dir nimmst.
Im Schmecken öffnest du die Wahrnehmung
für die Energie, die in der Nahrung steckt,
denn die Tomate, die Banane oder das Brot
haben keine geringere Aufgabe, als deiner Lebenskraft zu dienen.
Nimm die Nahrung zu dir,
die dich nicht nur auf der Ebene des Körpers satt macht,
sondern dir mit jedem Happen ein sinnliches Vergnügen bereitet.

Für welche sinnliche Erfahrung
möchtest du jetzt deine Wahrnehmung öffnen?

Genieße dein Leben mit allen Sinnen, wo immer du bist.
Es gibt immer etwas Schönes oder Angenehmes zu entdecken.
Jedes Genießen über die fünf Sinne
öffnet die Tür zur Freude deiner Seele.

Heilsatz: Ganz gleich wie ich mich fühle, es gibt immer etwas,
das ich sinnlich genießen kann.

25 Der Engel der Geborgenheit

Ich bin der Engel der Geborgenheit
und erscheine bei dir in vielen warmen Farbtönen.
Was ich dir bringe,
ist ein Raum der Herzenswärme und des Schutzes,
in dem du dich geborgen fühlen darfst.
Sorge bitte für eine Situation,
in der eine Weile alle Störungen draußen bleiben,
damit du dich in Ruhe entspannen kannst. …

Lasse meine warmen Farben in deinen Raum strahlen. …
Umhülle dich mit ihnen wie mit einem warmen Lichtmantel. …
Nimm dabei wahr, welche Farbe er für dich hat. …

Auf diese Weise stärke ich dein Energiefeld, das dich umgibt,
damit alles, was dich in deinem Alltag stört oder belastet,
nicht mehr so nahe an dich herankommen kann. …
Wenn du möchtest,
lege ich meinen großen Engelflügel um deine Schultern. …
Lasse los, meine Liebe/mein Lieber,
lasse einfach los und lehne dich an. …

Lasse uns eine Weile zusammen den Raum auskosten,
in dem sich eine tiefe Geborgenheit und Wärme ausbreiten kann.
Mein Engelherz strahlt zu deinem Menschenherz,
um es sanft zu berühren, …
ihm Ruhe und Sicherheit zu schenken. …

So sitzen wir beide eng beieinander, Herz an Herz
und genießen die liebevolle Ruhe,
die jetzt alles mehr und mehr durchströmen kann. …

Du hast es verdient, dich geborgen,
sicher und umarmt zu fühlen.
Solange du es brauchst, werde ich bei dir sein.

Heilsatz: In den Armen meines Engels finde ich die Geborgenheit,
die ich jetzt brauche.

26 Der Engel des Mutes

Ich bin der Engel des Mutes
und helfe dir dabei, deine Unsicherheiten,
deine Angst und deine Selbstzweifel zu überwinden.

Wofür, meine liebe Seele, brauchst du meine Unterstützung?

Mut entsteht aus der Überwindung von Sorge, Angst und Zweifel.
Mutig kannst du nur sein, wenn du unsicher bist
und es ein gewisses Risiko gibt bei einem Schritt,
den du gerne machen möchtest.
Ich lade dich jetzt ein, dir einen Moment Zeit zu nehmen
und deine Sorgen zu spüren. ...
Was könnte passieren, wenn du dich traust,
das zu tun, was du gerne machen möchtest?
Welche Gefühle tauchen dabei in dir auf?

Lasse mich jetzt als Engel des Mutes an deiner Seite stehen
und deine Hand nehmen.
Ich nehme dich liebevoll mit deinen Sorgen an
und schenke dir Zuversicht und Stärke.
Spüre bitte in unsere Verbindung hinein und nimm wahr
wie es ist, wenn ich deine Hand sanft umschließe. ...

Lasse mich bei deinem mutigen Schritt
dein Engel an deiner Seite sein.
Doch nicht ich führe dich, sondern du machst den ersten Schritt.
Ich werde neben dir stehen und dich anerkennen für deinen Mut.
Wenn du Zweifel fühlst, werde ich dich an deine Wünsche erinnern
und an deine Sehnsucht, die dich zu diesem Schritt motiviert hat.

Glaube an dich, liebe Freundin/lieber Freund,
glaube daran, dass es sich lohnt, deine Träume wichtig zu nehmen,
für dich selbst einzustehen und mutig zu sein
für das, was dir viel bedeutet.

Lasse uns gemeinsam aufbrechen.

Heilsatz: Mit dem Engel an meiner Hand finde ich den Mut in mir,
einen wichtigen Schritt in meinem Leben nach vorn zu machen.

27 Der Engel des fließenden Wassers

Ich bin der Engel des fließenden Wassers.
Verbindest du dich mit mir, wird es dir leicht fallen,
in den Fluss deines Lebens zurückzukehren.
Sieh mich, fühle oder höre mich, wenn ich dir
als eine strömende Wassersäule erscheine. ...

Wenn du magst, dann strecke eine Hand aus
und spüre mein Strömen. ...
Nimm mein Strömen über deine geöffnete Hand auf. ...
Auf diese Weise breitet sich meine Essenz
wie eine weiche, lichtvolle Welle in dir aus. ...

Dein Leben ist viel zu kostbar,
um deine Gefühle zurückzuhalten.
Tauche mit deiner Wahrnehmung nach innen…
und nimm dein Gefühl wahr. …
Lasse es in der Berührung mit mir fließen. …
Spüre wie es sich durch deinen Körper,
ja durch dein ganzes Energiefeld bewegt. …

Nimm wahr, wo du im Körper hart geworden bist. …
Mit weichem, warmen, wohlduftenden Wasser
umspüle ich diese Bereiche in dir,
sodass sie sich nach einer Weile wie ein Klumpen Lehm
in meinem Strömen auflösen können. …

Komme zurück, mein lieber Mensch, in dein Strömen,
in deinen freien Lebensfluss.
Die meisten deiner Begrenzungen sind selbst auferlegt.
Die meisten deiner Härten sind selbst verursacht.
Ich nehme dich mit allem in meinen weichen Fluss hinein,
sodass du von meiner Energie umschmeichelt wirst. …

Nicht ich löse etwas in dir auf, du bist es selbst,
die/der dies in Verbindung mit dem Fluss des Wassers
oder sollte ich besser sagen, der Wasserliebe, geschehen lässt. …
Lasse es zu, dass sich das Fließen in dir verstärkt. …
Dabei ist es völlig in Ordnung, dass manche Blockierungen
in dir Zeit brauchen, sich in dem Fluss des Wassers zu lösen. …

Komme nur immer wieder zurück in diesen Fluss,
denn dein Leben ist Fließen, Strömen, Glücklichsein. …

Heilsatz: Ich bin im Fluss des Lebens.

**Entwickle deine persönliche Kraft und freue dich
über deine Weiterentwicklung**

Den folgenden Kapiteln ist die Farbe gelb zugeordnet, die alle Kulturen der Welt mit der leuchtenden Kraft der Sonne verbinden. Die Engelbotschaften beinhalten Aspekte, die deine Persönlichkeit stärken, indem sie dich dabei unterstützen in deine Kraft zu kommen. Dazu gehört sowohl die Fähigkeit sich abzugrenzen, als auch den eigenen Wert zu spüren und in ihm zu ruhen.

Verankerst du dich in deinem Wert, wird dir bewusst, was du der Welt in deiner natürlichen Art zu geben hast. Auf diese Weise wird dir möglich sein, dich von einengenden Orientierungen zu lösen, um deinen eigenen Weg zu gehen. Die Engel helfen dir dabei, dich auf deine Ziele auszurichten. Verwirkliche sie mit ihrer Hilfe Schritt für Schritt.

28 Der Engel der Aufrichtung

Meine liebe Seele,
ich bin der Engel der Aufrichtung.
Ich bin heute nah bei dir
und begleite dich bei allem, was du tust.
Nimm dir einen Moment Zeit
und lasse dich nieder, dort wo du gerade bist,
wenn du diese Worte liest. …

Ich stehe hinter dir und entfalte mein helles Strahlen,
mit dem ich dir deinen Rücken frei halte …
und deine Belastungen fortwehen lasse. …

Wenn du dich aus deinem freien Willen
dazu entscheiden möchtest, kannst du an mir wachsen.
Doch halt, liebe Seele! ☺
Lasse deine Füße auf dem Boden.
Durch meine Unterstützung können deine Fußchakren
wie funkelnde Edelsteine in die Erde leuchten. …

Jetzt, liebe Seele, richte dich an mir auf.
Spüre wie du sanft wächst, …
wie deine Wirbelsäule etwas länger wird, …
deine Schultern sinken,
dein Nacken sich entspannt …
und dein Kopf sich etwas hebt, …
sodass dein Blick sich für die Weite öffnen kann. …

Jetzt hat dein Herz wieder Raum
sich zu entfalten und zu leuchten. …

Heilsatz: Geerdet und aufgerichtet entfaltet sich
mein Herz und leuchtet.

29 Der Engel der Entscheidung

Ich bin der Engel der Entscheidung
und ich ermuntere dich heute,
eine kraftvolle Entscheidung zu treffen,
die dich in deinem Leben ein gutes Stück nach vorne bringt,
die deine Lebensenergie neu auf ein Ziel ausrichtet,
nach dem du dich schon lange sehnst.

Liebe Freundin/Lieber Freund,
fühle in dein Herz und höre auf die Wahrheit,
die du schon seit einiger Zeit kennst.
Heute geht es darum,
eine Entscheidung aus deinem Herzen heraus zu treffen,
die dich in deine Kraft zurückbringt
und dir Perspektive und Sinn verleiht.

Um welche Entscheidung geht es?

Wir Engel wissen, dass solche Entscheidungen
Mut und Risikobereitschaft erfordern.
Vielleicht musst du einen Menschen enttäuschen
oder deinem Umfeld zeigen,
dass du einen anderen Weg gehen wirst
als den, den sie sich für dich vorgestellt haben.
Es geht darum, dass du bereit bist,
zu dir selbst zu stehen.

Lieber Mensch,
deine Entschlossenheit ist gefragt,
das zu tun, was dein Herz dir sagt.
Ich unterstütze dich dabei.

Mache mit mir gemeinsam den ersten Schritt.

Heilsatz: Mein Herz hat sich bereits entschieden
und ich mache heute den ersten Schritt.

30 Der Engel des goldenen Pfades

Ich bin der Engel des goldenen Pfades,
der dich zur Rückkehr einlädt,
wenn du deinen dir wesensgemäßen Weg verlassen hast.

Doch mache dir keine Sorgen,
denn du kannst jederzeit
und wenn du möchtest sofort zu ihm zurückkehren.
Dabei werde ich dich gerne unterstützen.

Lasse in deiner Vorstellung
eine grüne Landschaft um dich entstehen.
In einiger Entfernung siehst du deinen goldenen Lebensweg
durch die Landschaft fließen mit all dem am Wegesrand,
was du für ein erfülltes Leben brauchst.
Ein Hindernis steht zwischen dir und deinem Weg.
Schaue dir dieses Hindernis genau an. ...
Berühre es ... und lausche in das Hindernis hinein. ...

Weißt du, was es dir zu sagen hat?
Erkennst du den Konflikt oder das Problem,
das du noch nicht gelöst hast?

Spüre, dass ich an deiner Seite bin,
um dich zu unterstützen, das Hindernis zu überwinden. ...
Vielleicht hörst du auch, was ich dir dazu zu sagen habe, ...
oder du siehst, welchen Gegenstand ich dir reiche. ...
Er wird dir helfen, das Hindernis zu überwinden. ...

Versuche nun auf deine Weise das,
was zwischen dir und deinem goldenen Pfad steht, zu überwinden.
...

Ganz gleich was dabei passiert,
ich bin stets für dich da
und flüstere dir meinen Rat in dein Ohr. ...

In deinem Alltag bringe ich dich
mit den richtigen Menschen zusammen
und lasse dich aufmerken,
wenn geeignete Informationen auftauchen,
die dir helfen werden, wieder ganz in deine Kraft,
in deine Liebe und in deinen Frieden zu kommen.

Lasse mich dein Freund sein,
der dir mit Rat und Tat zur Seite steht,
bis du wieder auf deinem goldenen Lebensweg voranschreitest. ...

❋

Wenn du magst, dann lasse dich von den Worten leiten:

Ich äußere meine Wünsche klar und folge meinem Herzen.
So ziehe ich wie ein Magnet die Ereignisse in mein Leben,
die mir Glück und tiefen Sinn vermitteln.
Sie blühen wie Blumen am Wegesrand auf.
Nur ich weiß, was gut für mich ist,
mich erfüllt und mir vollkommenen Frieden schenkt.
Diesen Weg werde ich von nun an weiter gehen.

Heilsatz: Auf dem goldenen Pfad meines Lebens lasse ich mich
von der Stimme meines Herzens führen.

31 Der Engel der Pause

Ich bin der Engel der Pause und möchte dir Gutes tun.
Vielleicht gehörst du zu den Menschen,
die viel beschäftigt sind oder deren Gedanken oft vorauseilen,
sodass eine gewisse Ruhelosigkeit entsteht.

Lieber Mensch, ich lade dich jetzt herzlich ein,
dir eine Pause zu gönnen und am besten wäre es,
wenn du immer wieder bewusst eine Pause einlegst,
weil du dir wichtig bist.

Wir Engel bringen dir gern in Erinnerung, wie freie Zeit
zu einem Refugium der Erholung werden kann.
Es ist nicht nötig, dass du erst dieses oder jenes erledigst,
bevor du dir eine Pause einräumst.

Eine Pause ist nicht nur eine Unterbrechung
in einer nicht enden wollenden Flut an Aufgaben.
Eine wirkliche Pause ist ein Raum,
ohne jede gesteuerte, zielgerichtete Aktivität.

Lasse dich an einem schönen Platz nieder
oder mache einen Spaziergang. Mache dir dabei bewusst:

Ich habe jetzt Zeit, Zeit für mich.
Meine Pause ist die Zeit, in der ich nichts zu leisten brauche.

Gehe spazieren, statt in einer Pause einzukaufen.
Lasse dich auf ein Spiel mit anderen ein,
ohne Druck gewinnen zu wollen.
Tauche beim Lesen in eine andere Welt ein,
statt dich auf die nächste Arbeit vorzubereiten.
Schenke dir einen Raum, um ausgelassen zu tanzen.
Ob eine freie Zeit zu einer Pause werden kann,
liegt allein an deiner inneren Einstellung.

Vergegenwärtige dir den Freiraum, der jetzt vor dir liegt. …
In ihm kannst du aktiv sein oder auf eine angenehme Weise ruhen,
je nach deinem Bedürfnis.
Gönne deinem Verstand, deiner Konzentrationsfähigkeit
und deiner Zielgerichtetheit eine Unterbrechung.
Lasse es in deinem Kopf leer werden, denn jetzt geht es darum,
dich außerhalb eines jeden Leistungsgedankens zu erleben.
In einer echten Pause bist du dir selbst nahe
und spürst wie es ist, einfach du selbst zu sein.

In einem solchen Freiraum
findest du die wunderbare Möglichkeit,
dich außerhalb von Routine, Plänen
und Rollenerwartungen zu erleben.

Atme einfach tief durch und spüre
wie das Leben durch dich strömt.

Heilsatz: Ich erhole mich in meinen Pausen.

32 Der Engel des männlichen Prinzips

Ich bin der Engel des männlichen Prinzips.
Ich erscheine in deinem Leben,
wenn sich in einem Lebensbereich Schwäche,
Ziellosigkeit oder Resignation ausgebreitet hat.
Dann bin ich bei dir und bringe dir
eine lohnende Perspektive und neue Kraft.

Mit meiner sonnengelben Gestalt erscheine ich jetzt hinter dir
und wenn du mir erlaubst, dann berühre ich dich ganz leicht
an deinem oberen Nacken. ...
Vielleicht fällt es dir dann leichter, deinen Kopf etwas zu heben ...
und den Blick nach vorn auf die Aufgabe zu richten, ...
die erledigt werden möchte,
oder auf das Ziel, das du erreichen willst. ...

Es kann sein,
dass du dabei Hindernisse zu überwinden hast.
Doch mache dir dabei bitte bewusst, dass du nicht allein bist.
Ich, der Engel des männlichen Prinzips,
stehe in all meiner Größe hinter dir
und werde dich bei deinen Zielen unterstützen.
Du kannst dich jederzeit an meine Kraft
und Entschlossenheit anschließen,
um sie für deine Ziele zu verwenden.

Welches Ziel möchtest du erreichen?

Ich weiß, dass du Kraft brauchst,
um deine nächsten Schritte in eine gute Richtung zu lenken.
Zur Unterstützung berühre ich dich
in der Mitte deines Rückens,
und lasse hier sonnengelbe Kraft einströmen,
die dein drittes Chakra reinigt, neu ordnet und aufbaut, ...
sodass es nach einer Weile
wie eine kleine Sonne zu leuchten beginnt. ...

Erst wenn du dich in deiner leuchtenden Sonnenkraft spürst,
lasse einen hellen Sonnenstrahl nach vorn in den Raum fließen ...
und noch weiter nach vorn in die Zukunft,
dorthin, wo sich dein Ziel befindet. ...
Spüre die Verbindung zu deinem Ziel und stehe auf.

Mache mutig einen Schritt nach vorn.
Beginne heute noch damit, dein Projekt umzusetzen,
sodass du sofort und in den nächsten Tagen
deinem Ziel immer näher kommen wirst.
Wichtig ist allein, dass du dein Ziel fest im Auge behältst
und beginnst, dich darauf zuzubewegen.

Als Engel des männlichen Prinzips
stehe ich hinter dir und stärke dir den Rücken,
damit du deine Lebensziele erreichst.
Ich glaube an deinen Erfolg
und freue mich, wenn du dies auch tust.

Heilsatz: Ich spüre die Kraft der Sonne in meinem dritten Chakra.
Ich fühle mich stark und bewege mich auf mein Ziel zu.

33 Der Engel der Befreiung

Ich bin der Engel der Befreiung.
Ich komme zu dir, wenn du dich belastet oder beladen fühlst.
In solchen Situationen bin ich für dich da,
um dir die Kraft zu verleihen, den Weg der Befreiung zu gehen.

Manchmal ist es lebenswichtig,
dass ein Ruck durch dein Leben geht.
Mit diesem Ruck lässt du los.
Du lässt alles los, was dich belastet und bedrückt hat:
die Erwartungen und Wünsche der Mitmenschen
und vor allem deinen Anspruch an dich selbst.

In welchem Lebensbereich fühlst du dich eingeengt
oder unter Druck gesetzt?
Wovon möchtest du dich befreien?

Stehe auf und stell dich aufrecht hin. …
Mache dir ein solches Thema bewusst und vergegenwärtige dir
die Belastungen, die damit verbunden sind. …
Ziehe sie durch deine Vorstellungskraft
in der Mitte deines Körpers zusammen wie eine dunkle Kugel. …

Krümme dich dabei zusammen …
und spüre die geballte Ladung der Belastung.
Atme tief ein …
und erlaube es dir, im Ausatmen laut zu schreien. …
Greife gleichzeitig energetisch mit den Händen in die Kugel
und wirf sie aus dir heraus.
Mache es so viele Male, bis du dich befreit fühlst. …

✸

Mit einem Ruck kannst du dich
von überholten Verträgen mit anderen befreien.
Mit einem Ruck löst du Lasten auf deinem Rücken,
kehrst zurück in deine Freiheit
und in deine Selbstbestimmung.

Habe keine Angst vor deiner Freiheit.
Sie ermöglicht dir, unabhängig zu sein
und Entscheidungen aus deinem gesunden Selbstvertrauen
heraus zu treffen.

*Ich kann jederzeit einen Ruck durch mein Leben gehen lassen
und dabei alles loslassen, was mich belastet.
Der Weg der Befreiung führt mich
in die Freiheit, meinem Herzen zu folgen
und das zu tun, was mich zufrieden und glücklich macht.*

Lasse dich jetzt mit Mut und Kraft segnen.
Mein Segen richtet dich auf und macht dich stark,
deine Freiheit zu leben.

Heilsatz: Mit einem Ruck lasse ich los und bin frei.

34 Der Engel der Ernte

Ich bin der Engel der Ernte und wenn du mich gewählt hast,
dann ist es Zeit, nicht mehr auf das zu schauen,
was in der Zukunft vor dir liegt,
sondern deinen Blick auf das zu richten,
was du bereits geschaffen hast, auf deine sichtbaren Erfolge
und auf das, was seelisch in dir gewachsen ist.

Nimm nun innerlich etwas Abstand von deinem Alltagsleben,
in dem du es dir bequem machst und Ruhe einkehren lässt, …
damit du deine Ernte entdecken und würdigen kannst.

Durch meine Unterstützung wird es dir leicht fallen,
einen Lichtfunken aus deinem Kronenchakra aufsteigen zu lassen. …
Lenke diesen Lichtfunken zu einem Ort,
der zwei bis drei Metern vor dir liegt. …
Sieh dich nun selbst aus der Sicht des Funkens
und lasse hinter deinem Rücken
deine jüngste Vergangenheit auftauchen. …

Was hast du geschaffen oder nach vorne gebracht?
Durch welche emotionalen Prozesse bist du gereift?

Denke dabei nicht nur an das,
was andere Menschen vordergründig sehen
und anerkennen können.
Bemerke auch die kleinen Erfolge in deinem Leben,
deine neuen seelischen Entwicklungen,
die nur du selbst entdecken kannst.

Erkenne aus Sicht des Funkens
mindestens drei Früchte deiner Entwicklung:

1. _____
2. _____
3. _____

Nun lasse den Lichtfunken über den Scheitel
zu dir zurückkehren. ...

Ist es dir möglich, eine gewisse Dankbarkeit zu empfinden
für die Ernte aus deiner jüngsten Vergangenheit?

Nimmst du dir Zeit, dankbar auf deine Ernte zu schauen,
wird das deine Freude und deine Zufriedenheit im Leben vertiefen.
Das wird wiederum deine Energie steigern, die du benötigst,
damit die nächsten Früchte in dir reifen können.

Heute ist Erntetag. Lasse uns gemeinsam deine Ernte feiern.

Heilsatz: Ich freue mich über meine Leistung und mein Reifen.

35 Der Engel der Disziplin

Ich bin der Engel der Disziplin und ich bin gerne bei dir,
wenn du mich brauchst.
Meine Aufgabe besteht darin, dir unter die Arme zu greifen,
wenn sich Verhaltensweisen in deinem Leben ausbreiten,
die dein Wohlbefinden behindern.

Du weißt, dass es für dich nicht förderlich ist,
im Sessel sitzen zu bleiben, statt regelmäßig Sport zu treiben,
eine Sache herauszuschieben, obwohl sich eine Frist nähert
oder du sie bereits überschritten hast.
Es tut dir nicht gut, dich von einer Angelegenheit abzulenken,
von der du dir dringend wünschst, dass sie erledigt sein sollte.

Bei welcher Aufgabe brauchst du mehr Disziplin?

Denke an diese Aufgabe, die dich ruft und die dich belastet. ...
Spüre, was für eine Blockade in dir ausgelöst wird. ...

Wo nimmst du einen Widerstand in deinem Körper wahr?
Wie nimmst du ihn wahr?
Hat er vielleicht eine Farbe?

Wenn du bereit bist, dir von mir helfen zu lassen,
dann schöpfe den Widerstand
mit deinen Händen aus deinem Körper.

Lasse deine Hände wie aus Licht sein, …
fasse in dein Energiefeld und ziehe die Blockaden heraus. …
Ich weiß, dass du das kannst.
Gib mir die blockierte Energie und lege sie in meine Engelhände, …
damit sie dort schmilzt wie Eis in der Sonne. …

Jetzt stehe ich hinter dir und berühre dich sanft unter den Achseln.
Ich helfe dir dabei, in Bewegung zu kommen und das zu tun,
was wirklich getan werden sollte, damit du dich frei fühlen kannst.
Ich helfe dir dabei, aufzustehen und für das einzustehen,
was du dir schon lange vorgenommen hast. …

Mache einen schwungvollen Schritt nach vorn
und beginne jetzt die Tätigkeit, um die es geht. …

Mache dir dabei bewusst, warum es für dich wichtig ist,
diese eine Sache voranzubringen. …
Schaue auf deine Motivation, denn das, was du tust,
machst du aus Liebe zu dir selbst
oder aus Wertschätzung für nahestehende Menschen. …

Vergegenwärtige dir, wie erleichtert du dich fühlen wirst,
wenn du die Vermeidung vollständig aufgegeben hast
und in Aktion bist.

Disziplin ohne Liebe führt zu Druck und Widerstand.
Disziplin mit Liebe führt zu verantwortlichem Handeln.

Ich bin bei dir mit all meiner Liebe und Unterstützung.

Heilsatz: Heute lasse ich mir vom Engel der Disziplin helfen,
einen schwungvollen Schritt nach vorn zu machen,
um eine wichtige Aufgabe anzufangen oder zu vollenden.

36 Der Engel des Neins

Ich bin der Engel des Neins und ich fordere dich auf,
heute klar zu deinen Grenzen zu stehen.
Nein zu sagen fällt dir vielleicht nicht leicht,
weil du dich verantwortlich für eine Aufgabe fühlst
oder für einen Menschen, den du gerne unterstützen möchtest.

Doch manchmal bahnt sich
ganz aus deiner Tiefe ein Nein an,
auf das du vielleicht noch nicht hören wolltest,
weil du gegenüber deinen Mitmenschen,
als großzügig erscheinen willst.

Möglicherweise machst du dir Sorgen,
dass der Mensch, den du enttäuschen müsstest,
böse auf dich wird und dich nicht mehr mag.
Frage dich in solchen Situationen:

Ist das wirklich realistisch?
Und wenn im ungünstigsten Fall
dieser Mensch wirklich auf dich ärgerlich wird,
was löst das in dir aus?
Hast du kein Recht auf ein Nein?

Mein lieber Mensch, lausche meinen Worten:
Ein Nein braucht keinen Grund.
Ein Nein ist eine Grenze,
die du in deinen Beziehungen setzt, weil sie in dir ist.
Dein Nein ist gerechtfertigt,
weil du das Recht hast, eine Grenze zu setzen.

Sprich nun drei Mal ein Nein laut in den Raum aus
und nimm wahr, wie stark du dich dabei fühlst. ...

Ein Nein zeigt an, dass du ein Mensch mit Grenzen bist
oder für den einen oder anderen Wunsch deiner Umwelt
nicht zur Verfügung stehen möchtest.

Wenn du bei deinem Nein in dich hineinfühlst,
wirst du in deiner Tiefe entdecken,
dass ein Nein auch ein Ja bedeutet,
ein Ja zu einer für dich besseren Alternative.

Ich unterstütze dich heute bei deinem Nein
und schenke dir Stärke und Mut.

Heilsatz: Mit meinem Nein zeige ich meine Grenzen
und stärke mich dadurch.

37 Der Engel der kleinen Schritte

Ich bin der Engel der kleinen Schritte.
Du hast mich ausgesucht,
weil ich dir bei deiner Ungeduld helfen kann,
wenn du an ein großes Ziel von dir denkst.

Ich weiß, dass du manchmal zauderst,
einer bestimmten Herausforderung nachzugehen,
weil es vielleicht noch einige Zeit dauern wird,
bis du das erreicht hast, was du dir wünschst.

Beim nächsten kleinen Schritt
in Richtung deiner Vision oder deines Ziels
werde ich für dich da sein,
um dich auf allen Ebenen zu unterstützen.

Wenn du zauderst, werde ich deinen Rücken stärken.
Wenn es dir an Motivation mangelt,
werde ich die Sehnsucht in dir entfachen
und wenn du müde wirst,
stehe ich dir mit meiner Kraft zur Verfügung.
Du brauchst dein Ziel nicht allein zu erreichen,
sondern kannst dich auf mich verlassen.

Was ist dein nächster kleiner oder auch kleinster Schritt?

Lasse ihn uns gemeinsam tun.
Wenn du möchtest, dann nehme ich dich an die Hand,
sodass wir einen Schritt nach dem anderen gemeinsam gehen.
Ich werde dabei grundsätzlich
deine Entscheidungsfreiheit respektieren,
denn eines kann ich nicht: den Weg für dich gehen.
Doch gemeinsam können wir es schaffen.

Glaube bitte an dich, so wie ich an dich glaube.
Du bist ein Mensch mit viel Kraft
und fokussierst du sie auf dein Ziel
ohne davon abzulassen, wirst du es erreichen
und vielleicht noch etwas Besseres.

Sei dir sicher, wenn wir zusammen gehen, wird alles einfacher.

Heilsatz: Jeden Tag mache ich voller Vertrauen einen kleinen
Schritt, um mein Ziel oder etwas noch Besseres zu erreichen.

38 Der Engel des guten Willens

Ich bin der Engel des guten Willens und meine Aufgabe ist es,
dich mit deinen Willenskräften vertraut zu machen.

Erinnere dich an eine Situation,
in der du etwas Bestimmtes erreichen wolltest
und das auch geschafft hast.

Vielleicht musstest du dich anstrengen
oder auch Opfer bringen, um dein Ziel zu erreichen, ...
doch schließlich hast du es geschafft.
Mache dir bewusst, welche Kräfte dabei in dir frei wurden. ...

Unter der Ebene deiner vielen täglichen Entscheidungen
ruht ein großartiger Traum in dir,
der in deinem Leben Realität werden möchte.

Lasse dich heute nicht treiben,
sondern frage dich, was du wirklich willst.
Finde heraus, was du brauchst,
um im Zentrum deines Lebens zu stehen.

Manchmal tut es gut, den Willen ruhen zu lassen
und sich vertrauensvoll dem Fluss des Lebens zu übergeben.
Doch wenn ich bei dir erscheine,
dann wird es Zeit, dich neu auf das zu konzentrieren,
was du erreichen möchtest.

Zentrierst du deine Willenskräfte,
muss es nicht um außerordentliche Leistungen gehen.
Manchmal reichen auch kleine kraftvolle Korrekturen,
um dich wieder auf deinen Weg zurückzuführen.

Du kannst der Mensch sein,
der du schon immer sein wolltest,
wenn du deinen Willen einsetzt.
Du kannst mit deiner Willenskraft
auch in schwierigen Lebenssituationen dir selbst treu bleiben.

Verliere dich nicht in Oberflächlichkeit,
sondern finde zurück in deine Gestaltungskraft.
Dein guter Wille will das Gute für dich.
Er ist die Kraft in deinem Leben, das zu verwirklichen,
was dich persönlich ausmacht, sodass du dich erfüllt fühlst.
Lebe dein Leben. Lebe deinen Traum.

Heilsatz: Aus meinem freien Willen heraus entscheide ich mich
für mein Glück.

39 Der Engel der Entlastung

Ich bin der Engel der Entlastung
und wenn du mich eingeladen hast, bei dir zu sein,
dann schaue ich dich liebevoll an und weiß,
dass du in deinem Leben Lasten trägst,
die dich oft bedrücken und dich am Voranschreiten hindern.

Vielleicht sind es Belastungen,
die du irgendwann aus falsch verstandener Liebe
oder aus einem Verantwortungsgefühl übernommen hast.
Möglicherweise haben deine Eltern sie dir auferlegt
und du hast sie niemals in Frage gestellt.
Mit mir gemeinsam wird es dir möglich werden,
dich von dem Ballast zu befreien, den du nicht mehr tragen willst.

Gerne verbinde ich dich mit dem Prinzip der Entlastung.
Vergegenwärtige dir dazu alles,
was dich in deiner aktuellen Lebenssituation beschwert.
Lenke deine Aufmerksamkeit in deinen Körper
und nimm wahr, wo und wie du die Belastungen in dir spürst. …

Nimmst du sie in deinem Rücken wahr, in deinem Bauch,
im Nacken oder an einem anderen Ort?
Erlebst du dort einen Druck, eine Spannung oder einen Schmerz?

Mit all meiner Liebe
und meinem Respekt vor der Geschichte deines Lebens
werde ich jetzt vor dir niederknien
und eine große goldene Schale
auf der Höhe deines Bauches halten.

Ziehe jetzt mit deinen beiden Händen
die wahrgenommenen Empfindungen aus deinem Körper.
Berühre die belastete Körperpartie
und schöpfe die Belastungen wie Öl auf dem Wasser ab,
um sie anschließend in meine Schale zu legen. …

Wenn sie nach einer Weile gefüllt ist,
werde ich dir eine weitere leere Schale hinhalten, …
während die alte von meinen Engelgeschwistern
fortgetragen wird. …
Führe dies so lange fort,
bis sich die Belastungen in dir zu lösen beginnen. …

Erlebe nach einer Weile, wie sich deine Stimmung hebt,
je mehr du bereit bist, dich von altem Ballast zu befreien. …
Spüre deine Erleichterung,
nachdem du dieses Entlastungsritual beendet hast. …

Leicht soll dein Weg durch das Leben werden,
mit positiven Gefühlen, die durch deinen Körper schwingen,
und Optimismus kann auf der Fahne deines Geistes stehen.

Heilsatz: Ich übergebe meine Belastungen den Engeln und
fühle mich frei.

40 Der Engel der realistischen Sicht

Ich bin der Engel des Realismus und zeige mich in deinem Leben,
wenn du dabei bist, die Bodenhaftung zu verlieren
und dadurch deine Lebenssituation unrealistisch einschätzt.
Es gibt zwei grundlegend unterschiedliche Situationen
in denen ich in deinem Leben in Erscheinung treten kann:

In der einen Lebenssituation hast du dir die Welt rosarot gemalt
und du siehst alles in einem verklärten Licht.
Dieses verklärte Denken und Fühlen birgt die Gefahr,
verletzt zu werden, Stolpersteine nicht zu erkennen
oder blind zu sein gegenüber Menschen,
die es nicht gut mit dir meinen.

In der anderen Situation
überwiegt das Negative in deinem Denken.
Du malst möglicherweise alles schwarz
und hast dich eingeigelt in negative Erwartungen.
Auch hier zeige ich mich in deinem Leben,
um dich vor Selbstverletzungen zu schützen.

In welcher Situation befindest du dich
in Bezug auf ein bestimmtes Thema?

Öffne mir bitte dein siebtes Chakra
und lasse dazu eine Krone aus Licht auf deinem Kopf erscheinen. ...
Über diese Krone sende ich dir mein strahlendes Segenslicht,
damit es durch deine innere Achse in deinen Bauch fließt.
Atme dabei bitte tief ein, sodass dein Bauch sich dabei deutlich hebt.
Stell dir anschließend vor, du könntest mein Segenslicht vom Bauch
über deine Beine und Füße tief in die Erde ausatmen. ...

Atme noch einige Male auf diese Weise:
Einatmend empfange mein strahlendes Licht durch deine Lichtkrone
und fülle deinen Bauch damit.
Atme anschließend vom Bauch durch die Beine und Füße
so tief in die Erde aus, wie es dir möglich ist. ...

Richte nun deine Wirbelsäule von unten nach oben auf ...
und zentriere deine Aufmerksamkeit liebevoll in deinem Herzraum.
Blicke noch einmal auf deine Lebenssituation.
Wie erlebst du jetzt,
geerdet und aufgerichtet zwischen Himmel und Erde,
deine aktuelle Situation?

Betrachte deine Situation, so wie sie ist.
Werde realistisch, denn das wird dir helfen,
Verletzungen zu vermeiden
und den sicheren Boden unter deinen Füßen zu spüren,
damit du deine Ziele erreichen kannst.

Ich helfe dir dabei, die Situation
auf die rechte Weise wahrzunehmen.

Heilsatz: Ich betrachte meine Lebenssituation realistisch.
Ich bleibe geerdet und ergreife meine Chancen.

41 Der Engel des Windes

Ich bin der Engel des Windes
und bringe Bewegung in dein Leben.
Wenn du mich gewählt hast,
dann gibt es mindestens einen Lebensbereich,
in dem deine Energie stagniert.
Möglicherweise gehst du ein gewisses Thema
nicht so engagiert an, wie du es eigentlich vorgehabt hast.

Um welchen Lebensbereich oder welches Thema handelt es sich?

Nimm dir bitte einen Moment Zeit darüber nachzudenken. …
Als Engel des Windes helfe ich dir,
Bewegung in deine innere Stagnation zu bringen.
Spüre jetzt in dein Thema hinein
und mache dir dabei alle Gefühle bewusst, …
die damit zu tun haben, dass du dich bisher
einer bestimmten Situation
nicht in all ihrer Angemessenheit stellen konntest. …

Vielleicht bereitet dir der Gedanke der Umsetzung Stress,
du befürchtest Konflikte oder hast Angst dich zu übernehmen.
Visualisiere jetzt diese zurückgehaltene Energie in dir
als einen inneren Nebel, der dich behindert,
deine Gestaltungkraft frei einzusetzen. …

Nun hülle ich dich mit meiner sanft wehenden Engelgestalt ein,
die in deinen Lieblingsfarben strahlt,
und lasse einen feinen Wind durch dein Energiesystem wehen.
Unterstütze mich bitte dabei, indem du deinen Atem
lang und fein auf „ffffffffff" aushauchst
und durch die Nase einatmend ein sanftes „Haaah" denkst.

Auf diese Weise wehst du deinen Atem durch dein Energiesystem
und ich meinen sanften Wind.
Lasse mit jedem Ausatem Nebel aus dir heraus fließen,
sodass sich nach einer Weile Klarheit in dir ausbreiten kann. …
Erlaube deinem Körper sich dabei zu bewegen. …

❋

Bleibe weiter mit mir und deinem Atem verbunden,
bis du dich innerlich klar fühlst.

Überlege dir aus deiner neu gewonnenen Klarheit heraus,
wie du die Situation angehen wirst …
und plane den ersten Schritt. …

Ich segne dich mit Mut
und der Kraft, kluge Entscheidungen zu treffen.
Lasse mich dein Rückenwind sein, der dich mit Optimismus
und Zuversicht unterstützt, um Erfüllung in dein Leben zu bringen.

Heilsatz: Mein Engel steht hinter mir und gibt mir Rückenwind.

42 Der Engel des Neubeginns

Ich bin der Engel des Neubeginns,
wenn du mich gewählt hast,
öffne ich dir eine Tür zu einem neuen Start.
Vielleicht möchtest du einen Neuanfang
mit einem dir wichtigen Menschen wagen,
mit neuer Fürsorge dir selbst begegnen,
oder dich mit wachem Anfängergeist einem deiner Lebensbereiche
wie Sport, Essverhalten oder Kreativität neu widmen.

Welche Tür für einen Neubeginn
soll ich dir jetzt öffnen, mein lieber Mensch?

Bei vielen Themen des Lebens kann es einen Neubeginn geben,
wenn du dich dazu entscheidest, den ersten Schritt zu tun.

Dabei ist nicht wichtig, warum du in der Vergangenheit
diesen oder jenen Lebensbereich
oder eine Beziehung vernachlässigt hast.

Falls du dich aufgrund eines Versäumnisses
aus deiner Vergangenheit schuldig fühlst,
lege eine Hand auf dein Herz. …
Verbinde dich mit der Liebe in deinem Herzen,
die dort immer strömt
und an die du dich jetzt anschließen kannst und sprich:

Ich vergebe mir, dass ich … nicht getan habe.
Ich vergebe mir, dass ich Chancen nicht genutzt habe.
Ich vergebe mir, weil ich mich liebe.
Ich vergebe mir, weil ich jetzt nur das Beste
in meinem Leben für mich möchte.

Liebste/Liebster, visualisiere die Tür, die ich dir offen halte. …
Bist du bereit, den Neuanfang zu wagen, dann gehe hindurch. …
Nimm mit allen deinen Sinnen wahr, was dich dort erwartet. …

Ich unterstütze dich und segne dich mit Mut,
stärke deine Tatkraft und deine Vorfreude auf das,
was du erreichen möchtest.

Heilsatz: Aus Liebe zu mir selbst wage ich den Neubeginn.

43 Der Engel des inneren Reichtums

Ich bin der Engel des inneren Reichtums
und unterstütze dich dabei deinen Wert zu spüren,
ihn in die Welt zu bringen zum Besten deiner Seele
und zum höchsten Wohle deiner Mitmenschen.

Schaue in dein Herz und erkenne,
dass du ein liebevoller Mensch bist
und bitte widersprich mir nicht, denn ich weiß,
was dich in deinem Herzen bewegt
und für wen und was du Liebe empfindest.
Erkenne diesen Reichtum in dir an, meine Liebste/mein Liebster.

Blicke auf deine Hände und mache dir bewusst, wie sie tätig sind,
um für dich und für andere Menschen Gutes zu erreichen.
Werde dir bewusst, dass dein Handeln
eine positive Bedeutung für andere Menschen hat.

Werde dir klar darüber, dass auch du
zum Wohlergehen der Menschheit deinen Teil beiträgst.
Wir Engel sehen, dass du dein Bestmögliches gibst.

Sende deine Aufmerksamkeit in deinen Kopfraum,
den Ort deiner Gedanken, deiner Ideen und spontanen Eingebungen.
Sehr viele davon sind positiv, wegweisend und konstruktiv.
Ich würde mich sehr freuen,
wenn auch du deine mentale Stärke anerkennen könntest,
aus der so viel Gutes entsteht und entstehen kann.

Nun, mein liebster Mensch, verbinde dich mit deiner Seele,
ganz gleich wo du sie in deinem Körper
oder in deiner Aura verortest.
Vergegenwärtige dir, dass es dich nur einmal gibt
und du in deiner Einzigartigkeit wertvoll bist
für andere Menschen, für alle fühlenden Wesen
und auch für uns Engel.

Als Engel des inneren Reichtums bitte ich dich,
erkenne dich in deinem Wert
mit allen deinen inneren Schätzen
und wiederhole meine Worte:

Es gibt in mir viele Schätze, über die ich mich freue.
Ich bin innerlich reich.
Meinen inneren Reichtum teile ich mit der Welt
durch das Leuchten in meinen Augen,
durch mein Lächeln und durch mein ganzes Sein.

Heilsatz: Ich fühle mich reich.

44 Engel des Frühlingsbeginns

Ich bin der Engel des Frühlingsbeginns
und ich segne dich mit frühlingshafter Energie,
mit frischen Düften und mit leuchtenden Farben.
Ich bringe dir Leichtigkeit in dein Leben
und öffne deinen Blick für das Schöne
und Neue in deiner Seele.

Ich mache dich darauf aufmerksam,
dass etwas in dir aufkeimen möchte,
um anschließend zu wachsen,
bis es beginnt, in dir aufzublühen.
Nimm dir einen Moment Zeit für dich
und spüre was sich gerade in dir positiv verändert
oder bereits verändert hat.

Was traust du dich, was noch vor einiger Zeit nicht möglich war?
Bei welchen Themen beginnt deine Lebensenergie zu steigen?
Was bereitet dir gerade gute Laune?

Öffne deine Hände und lege sie zu einer Schale zusammen. ...
Lasse nun ein Symbol für das Neue in deinen Händen entstehen. ...
Vielleicht ist es eine Blüte, ein goldenes Ei oder etwas anderes.
Verbinde dich mit der Liebeskraft in deinem Herzen ...
und sende aus ihr einen leuchtenden Strahl der Liebe
zu diesem Symbol, ...
denn alles, was sich jetzt gerade in dir entwickelt,
braucht deine freundliche Anteilnahme, damit es wachsen kann.

Lade auf diese Weise das Symbol
mit deiner liebevollen Energie auf
und erlebe, wie es dadurch in deinen Händen stärker wird.
Bringe nun das Symbol zu deinem dritten Chakra
und lege deine Hände dazu auf deinen oberen Bauch.
Lasse das Symbol mit deinem dritten Chakra verschmelzen.
So verbindest du das Neue mit deiner persönlichen Kraft.

So kann das Neue in dir jeden Tag etwas größer werden,
um zu deinem Glück beizutragen.

Heilsatz: Ich lasse das Neue in mir in Liebe wachsen.

45 Der Engel der Grenze

Ich bin der Engel der Grenze und erinnere dich daran,
dass es Zeit ist, eine Grenze zu setzen,
„Stopp" zu rufen oder einen Halt einzulegen.

Vielleicht hast du manchmal das Gefühl,
dass es Menschen gibt, die immer mehr von dir haben wollen.
Doch als Engel der Grenze sage ich dir,
es liegt nicht an deinen Mitmenschen,
dass du dich erschöpft oder überfordert fühlst,
es liegt daran, dass es dir selbst nicht leicht fällt,
deine Grenzen zu akzeptieren und liebevoll anzunehmen.

Vielleicht traust du dich nicht,
deiner Umgebung deine Grenzen zu zeigen,
weil du Konflikten aus dem Weg gehen möchtest.
Möglicherweise gab es in deinem Leben
noch keinen ausreichenden Raum, um ein Gefühl
für deine natürlichen Grenzen zu entwickeln.

Woran es auch immer liegen mag,
heute kannst du mit meiner Hilfe gut für dich sorgen,
weil ich dich bei deiner Grenzziehung unterstützen kann.
Sei bereit, in deinem Tagesablauf
einige Male innezuhalten und dich zu fragen:

*Fühle ich mich wohl oder gibt es etwas,
das meine Grenze überschreitet?*

In diesen Momenten werde ich mit meinem Mitgefühl
bei dir sein und dich bei deiner Grenzziehung unterstützen.
Du hast das Recht dich zu äußern, wenn dir etwas nicht passt,
dir etwas zu viel wird oder dich überfordert.

Du darfst es dir in deinem Leben gutgehen lassen.
Ich stärke dir den Rücken,
damit du aus Liebe zu dir stehen kannst und Nein sagst
bei jeglicher Grenzüberschreitung,
die du von deinen Mitmenschen wahrnimmst
oder wenn du selbst über deine Grenzen gehst.

Sprich dein Nein klar und freundlich dir selbst
und anderen gegenüber aus.

Eine Grenze zu haben, zu spüren und zu zeigen
ist dein natürliches Recht.

Dein Glück, deine Gesundheit und deine Erfüllung
findest du nur innerhalb deiner Grenzen.
Ich segne sie, denn sie führen dich zurück
in dein menschliches Maß.

Heilsatz: Ich bin liebevoll mit mir selbst und achte meine Grenzen.

46 Der Engel des Sonnenlichts

Ich bin der Engel des Sonnenlichts
und sende dir mein strahlendes Leuchten.
Ich wünsche mir für dich, dass es dir leicht ums Herz wird.

Nimm wahr, wo du in dir Belastungen spürst. …
Vielleicht trägst du eine Last auf deinen Schultern,
fühlst einen Druck auf Herz oder Magen
oder nimmst in einem anderen Bereich wahr,
dass deine Lebensenergie nicht optimal fließt.

Hierhin sende ich dir mein Sonnenlicht …
und brenne auf eine angenehme Weise alle Belastungen fort. …
Nimm wahr, wie der Bereich
von meinem gleißenden Licht durchdrungen wird
und sich allmählich eine wohltuende Wärme ausbreiten kann. …
Bleibe mit deiner Aufmerksamkeit dabei,
dies noch eine Weile wahrzunehmen. …

Ich sende dir mein Sonnenlicht
und lasse kleine Lichtzungen sich in dir ausbreiten,
die alle Verfestigungen in deinem Energiesystem lösen. …

Sieh wie die Flammenzungen tanzen. …
Während sich die Wärme weiter ihren Weg bahnt,
sende ich dir einen Strahl aus Sonnenlicht in dein drittes Chakra,
direkt in deinen Bauchraum hinein. …

Nimm wahr, was geschieht,
wenn sich dieser ganze Bereich
mit strahlendem Licht füllt
und sich dabei entspannen kann. …

Lasse mich dein ganzes Energiefeld
mit Sonnenlicht durchfluten.
Das Sonnenlicht reinigt dich …
und es stärkt dich auf allen Ebenen. …
Es macht alles leichter und lichter, …
sodass du dich mehr und mehr
für die Freude in dir öffnen kannst. …

Ich segne dich mit Sonnenschein.
Ich öffne dir die Tür zu Stärke,
Zuversicht und Leichtigkeit.

Heilsatz: Ich lasse mich vom Sonnenlicht reinigen
und für die Freude öffnen.

Folge deinem Herzen und finde deine Erfüllung

Eine Frühlingslandschaft mit blühenden Kirschbäumen steht für die Themen der Herzebene. In der indischen Philosophie ist das Herz der Ort, an dem sich männliche und weibliche Energien berühren, vereinen und sich transformieren, sodass etwas Neues entstehen kann. Bei den folgenden Engelbotschaften geht es um Gefühle der höheren Ordnung wie bedingungslose Liebe, Frieden, Vergebung, Mitgefühl und Dankbarkeit. Öffnest du dich im Alltag für diese Ebenen des Seins, harmonisiert sich dein Energiesystem und die Fähigkeit, dich selbst zu heilen, nimmt zu. Lasse dich von den Engeln anleiten, deine Heilkraft bewusst einzusetzen. Auch in dir steckt einer Heilerin/eines Heiler.

Auch der Geist der Freundschaft entspringt in deinem Herzen und verbindet dich mit den Menschen, die dir etwas bedeuten. Fühlst du dich von Herzen wohl, wird es dir leicht fallen, mit einem Lächeln der Welt zu begegnen.

47 Der Engel des täglichen Friedens

Ich bin der blaue Engel des täglichen Friedens
und lade dich ein, dich körperlich zu entspannen.
Lasse in deinen Muskeln los,
sodass dein Körpergewicht nach unten sinken kann. ...
Jetzt wird es dir leichter fallen,
deinen Gedanken zu lauschen, um das wahrzunehmen,
was dich im Moment am meisten beschäftigt. ...

Ganz gleich ob es etwas Angenehmes ist,
oder etwas, dass dich aufregt, reiche es mir. ...
Du kannst mir deine Gedanken, deine aufgeregten Gefühle
oder deine Belastungen geben,
damit es ruhiger in dir werden kann, ...
denn Ruhe ist eine Vorstufe von Frieden.

Es ist ganz leicht, mir all dies herüberzureichen.
Du tust es einfach mit deinem Atem.
Du atmest in deine Gedanken und Gefühle ein.
In deinem Ausatem lässt du
alle deine Gedanken und Gefühle los
und lässt sie zu mir herüberwehen.
Wenn du dazu bereit bist,
dann atme auf diese Weise einige Male. ...

Ich nehme gerne
all deine Gedanken und Gefühle in mir auf,
damit Frieden in dir einkehren kann.

✼

Ich bin der blaue Engel des Friedens und biete dir an,
aus meinem friedvollen Herz einzuatmen.
Atme meinen universellen Frieden ein
und wenn du ausatmest, dann strömt tiefer Frieden
durch dich hindurch bis in die Erde
und über alle Richtungen bis in die Weite.
Atme auf diese Weise einige Male. ...

So ist es ganz leicht, heute tiefen Frieden in dir zu erleben. ...

Heilsatz: Ich atme Frieden.

48 Der Engel des Lichtbaums

Ich bin der Engel, der dich mit deinem Baum des Lichts verbindet.
Ganz gleich ob du sitzt oder stehst
oder wo du dich gerade befindest, sei bereit,
dass sich der Baum des Lichts in dir aktiviert.

Dieser Baum besteht aus strahlendem Licht.
In dem Moment, in dem du Bereitschaft signalisierst,
wird er dich und deinen Raum durchwirken können. ...

Spürst du schon, dass der goldene Lichtstamm
in deiner inneren senkrechten Achse zu wirken beginnt?

Nimm wahr, wie er dich stärker macht ...
und es dir ermöglicht, dich in Leichtigkeit aufzurichten. ...
Verfolge mit deiner Aufmerksamkeit
den Lichtstamm nach unten und erlebe,
wie sich von der Ebene deines Beckenbodens aus
Lichtwurzeln bilden. ...

Diese leuchtenden Wurzeln wachsen
durch deine Beine bis in die Füße ...
und von den Füßen aus wachsen sie tief in die Erde. ...
Sieh oder spüre, wie sie sich hier ausbreiten,
hineinwachsen in die Mutter Erde,
die dich so sehr liebt. ...
Während sich die Lichtwurzeln immer feiner verästeln,
kann die Liebe der Mutter Erde in dir aufsteigen. ...

Durchspüre dabei den Lichtstamm von unten nach oben.
Nimm wahr, wie er sich nach oben verjüngt ...
und wie sich auf Herzhöhe lichtvolle Äste in die Weite ausbreiten.
Genieße das Luftige, das auch um deinen Kopf entsteht. ...

Erlebe, wie die leuchtenden Äste sich weiter verzweigen
und immer höher in den Himmelsraum ragen. ...

Nun verbinde dich mit deinem Herzen ...
und erlebe dich von hier aus in deinem Lichtbaum,
der tief in der Erde wurzelt
und nach oben bis ins Allerfeinste im Himmel ausgebreitet ist. ...

Wenn du darum bittest,
kannst du einen regenbogenfarbenen Segen vom Vater Himmel
empfangen. ...
Er strömt sowohl durch deinen physischen Körper
als auch durch deinen Lichtbaum abwärts bis in die Erde. ...

Bleibe noch eine Weile in dieser Erfahrung,
geliebt und gesegnet zu sein.

Heilsatz: Ich aktiviere den Lichtbaum in mir, der mich erdet
und aufrichtet. Ich fühle mich geliebt von Mutter Erde und
gesegnet von Vater Himmel.

49 Der Engel der Herzensöffnung

Ich bin der Engel der Herzensöffnung
und ich umkreise dich mit meinem Licht.
Ich komme zu dir, wenn der Strom an liebevoller Zuwendung
von innen oder von außen gebremst oder unterbrochen wurde.

Ich bin ein Engel der Liebe und ich bin jetzt dein Engel.
Und wenn du dich auch nur ein wenig für meine Liebe öffnest,
wird sie dein Herz erreichen und es zum Leuchten bringen.

Es kann sein, dass du meine Liebe
zunächst nur ein wenig annehmen kannst. ...
Ich freue mich über jede Öffnung deines Herzens für meine Liebe,
ganz gleich wie groß sie ist. ...
Wenn es dir gelingt, dein Herz zu öffnen,
wird dies deinen heutigen Tag oder deine Nacht verändern.

Fühle dich von mir geliebt,
während ich dich mit einem zarten Lichterglanz umhülle. ...
Lasse mich für dich wie eine sanfte Sonne sein,
die dich wärmt, umhüllt und dich sein lässt, wie du bist. ...
Meine Liebe zu dir stellt keine Bedingungen.

Von allen Seiten strömt meine Liebe zu dir. ...
Sie berührt deinen Raum ...
und durchströmt ihn. ...

Sie berührt deine Haut ...
und sinkt durch die Haut hindurch in deinen Innenraum. ...
Nach einer Weile kann meine Liebe dein Herz berühren,
wenn du es erlaubst. ...

Meine Liebe ist immer da.
In jeder Situation bist du von mir angenommen und geliebt.

Spüre wie meine Liebe dich heute begleitet.
Dabei hast du jederzeit die Möglichkeit,
dich noch ein wenig mehr für sie zu öffnen. ...

Meine Liebe bleibt für immer.

Heilsatz: Ich öffne mein Herz für die Liebe meines Engels.

50 Der Engel des Tröstens

Ich bin der Engel des Tröstens und heute bei dir,
weil du einen Verlust erlitten hast, der dich schmerzt.
Vielleicht liegt dieser Verlust
schon weit in der Vergangenheit zurück
oder ist erst vor kurzem passiert.
Möglicherweise gab es eine Enttäuschung in deinem Leben,
die du noch nicht überwinden konntest.

In violetten Farben erscheine ich jetzt neben dir
und wenn du mich anders sehen oder fühlen solltest,
ist das auch völlig in Ordnung.

Was hast du für einen Schmerz, der sich jetzt Trost wünscht?

Wende dich auf deine Weise diesem Schmerz zu
und nimm wahr, wo er sich in deinem Körper zeigt. ...
Erspüre seine Form und nimm seine Intensität wahr. ...

Ich habe neben dir Platz genommen ...
und wenn du magst, halte ich deine Hand. ...
Bitte, meine liebe Seele, schütte mir dein Herz aus. ...
Zeige mir deinen Schmerz,
damit wir ihn vielleicht gemeinsam beweinen können. ...
Möglicherweise bringt es dir auch eine Erleichterung,
wenn du damit beginnst, deinen Schmerz auszusprechen.

Ich fühle mich ...
Ich bin so traurig, weil ...
Ich bin enttäuscht ...
Am liebsten möchte ich jetzt ...

Während du deinen Gefühlen Raum geben kannst,
lege ich meine freie Hand von hinten auf dein Herz,
sodass du dort nach einer Weile
meine Wärme wahrnehmen kannst. ...

Folge dieser Wärme bis in deinen Herzraum hinein. ...
Lasse dein Herz sich erwärmen ...
und auf eine sehr sanfte Weise sich mit meinem Licht füllen. ...

Und noch einmal bitte ich dich,
mir dein Herz auszuschütten
und alle deine Gefühle auszudrücken. ...

Ich fühle ...
Und jetzt spüre ich ...
Nun nehme ich wahr ...

Ich bleibe bei dir und umhülle dich mit meiner Wärme.
Lasse mich dich liebevoll umarmen. ...
Ja, sinke in meine Arme hinein. ...
Ich halte dich. ...
Ich verstehe dich. ...
Ich bleibe bei dir. ...

❋

Wenn du dich nach einer Weile von mir lösen möchtest,
atme drei Mal tief durch. ...

Gesegnet sei dein Heilungsprozess!
Rufe mich, wann immer du mich brauchst.

Heilsatz: Ich nehme mich mit meinem Schmerz an
und fühle mich von den Engeln angenommen.

51 Der Engel der Herzensliebe

Ich bin der Engel der Herzensliebe, dein persönlicher Herzengel.
Ich komme zu dir, wenn du dein Herz verschlossen hast,
um dich vor Belastungen, Übergriffen und Schmerzen zu schützen.
Doch jetzt ist die Zeit gekommen,
dein Herz erneut für die Liebe zu öffnen.

Meine Lichtgestalt ist herzförmig,
wenn ich meine bedingungslose Liebe zu dir ausstrahle. ...
Sanft berührt sie deine Haut ...
und legt sich wie ein schützender Umhang um dich. ...

Löse dich langsam von deinen Ängsten, mein liebes Menschenkind,
indem du dich für einige Momente in meiner Liebe sein lässt. ...

Wenn du möchtest, sende ich dir
einen leuchtenden Strahl aus Licht
direkt in dein Herzzentrum. ...
In Form einer Spirale bewege ich diesen Lichtstrahl der Liebe
in deinem Herzbereich. ...
Blockaden, hervorgerufen durch ein Festhalten
an schmerzhaften Ereignissen aus deiner Vergangenheit,
dürfen sich allmählich lösen, ...
sodass nach einer Weile die Liebesenergie in deinem Herzen
wieder frei fließen kann. ...

Du lässt deine Herzensliebe nur aus einem Grund strömen,
weil sie ein Teil deines Wesens ist. ...

Ist dein Herz erst wieder für die Liebe zu dir selbst geöffnet,
kann sie sich weiter in dir entfalten. ...
Bedingungsfreie Liebe strömt aus deinem Herzen und berührt das,
was du jetzt siehst, ...
was du jetzt hörst ...
und was du jetzt fühlst. ...

Deine Herzensliebe strömt jetzt frei ...
und jeder Mensch, der in deine Nähe kommt,
wird davon berührt werden. ...

In der Liebe zu dir selbst bist du voller Lebendigkeit.

Heilsatz: Aus meinem Herzen strömt die Liebe zu mir selbst.
Meine Liebe berührt alles, was ich sehe, höre und fühle.

52 Der Engel des Dankbarseins

Liebster Mensch, ich danke dir,
dass du eine Verbindung mit mir möchtest.

Ich bin jetzt bei dir, weil es immer etwas gibt,
wofür du dankbar sein kannst.
Dankbarkeit ist keine Pflicht,
sondern eine Möglichkeit, dir selbst etwas Gutes zu tun.

Die Gefühle der Dankbarkeit heben deine Stimmung
und lassen einen natürlichen Heilungsimpuls in dir entstehen.
Ja, du hast richtig gehört,
Dankbarkeit kann zu deiner Heilung beitragen.
Dankbarkeit ist neben Liebe und Frieden
eines der stärksten positiven Gefühle, die es gibt.

Auch wenn du dich niedergedrückt fühlen solltest,
gibt dir die Übung des Dankbarseins einen Lichtimpuls,
deine Stimmung kann steigen und Lebenskräfte aktivieren sich.

Ich schenke dir drei Fragen, mit deren Hilfe
du Dankbarkeit in dir entstehen lassen kannst.

Wofür kannst du in deinem Leben dankbar sein?
Wofür bist du heute dankbar?
Was verändert sich in dir, wenn du die Dankbarkeit zulässt?

Nimm dir bitte Zeit, um diese Fragen zu beantworten. ...

Was hat sich in dir verändert,
seitdem du dich mit deinem Dankbarsein beschäftigt hast?

Lieber Mensch, ich bringe dir den Mut,
deine Dankbarkeit gegenüber deinen Mitmenschen auszudrücken.
Das wird dich dabei unterstützen,
deine Dankbarkeit zu vertiefen und Freude zu schenken.

Heilsatz: Dankbarkeit begleitet mich durch den Tag.

53 Der Engel des Schutzes

Ich bin dein Schutzengel
und vielleicht bin ich dir bereits ganz vertraut
und du weißt, dass wir stets zusammen sind.
Ich habe dich schon vor deiner Geburt begleitet
und werde immer noch bei dir sein,
wenn deine Seele eines Tages deinen Körper verlassen wird
und in den Himmel aufsteigt.

Hast du mich heute unter den 111 Engeln ausgewählt,
dann ist das ein Zeichen, dass wir heute unserem Bündnis
Aufmerksamkeit schenken sollten.

Rufst du mich zu Hilfe,
werde ich präsent in deinem Umfeld
und unterstütze dich bei allem, was du tust.
Über mich kommst du auch in Kontakt mit den Engeln,
die besondere Aufgaben haben.
Ich verspreche dir, dass du immer die passenden Engel
um dich haben wirst, wenn du darum bittest.
Für uns Engel gibt es nichts Schöneres,
als dir hilfreiche Impulse zu geben,
die dich bei deinen Lebensaufgaben unterstützen.

Meine liebste Freundin/mein liebster Freund,
ich bin bei dir und beschütze dich
und wenn du dir einen noch innigeren Kontakt mit mir wünschst
und hören möchtest, was ich dir
in bestimmten Situationen zu sagen habe,
dann lausche jetzt in dein Herz.

Dein Herz ist der Ort, an dem wir beide uns ganz nah sind.
Hier höre ich deinen Sorgen und Nöten zu
und gebe dir manche Hinweise, die dich beschützen sollen,
sodass es dir in deinem Leben gut ergeht, du gesund bleibst
und in der Welt immer die Unterstützung findest, die du brauchst.

Höre jetzt auf meine leise Stimme in deinem Herzen. ...
Ich bin dir immer nah mit all meiner Liebe und Fürsorge.

Heilsatz: Mein Schutzengel liebt mich.

54 Der Engel der Selbstvergebung

Ich bin der Engel der Selbstvergebung
und bitte dich aus Liebe zu dir,
dich mit dem Gedanken anzufreunden, dir selbst zu vergeben.

Hast du dir selbst
ein Verhalten aus der Vergangenheit nicht vergeben,
führt das zu Schuldgefühlen,
einem schlechten Gewissen oder Zweifeln.
Ich kann dir dabei helfen, dich davon zu befreien.
Die Fähigkeit, dir selbst zu vergeben,
wird dich aus der Tiefe deiner Seele entlasten.
Du wirst dich anschließend freier und friedvoller fühlen
und aus diesem Zustand wirst du mehr Handlungsfreiheit
in der Zukunft gewinnen können.

Welches Verhalten kannst du dir selbst nicht vergeben?
Was hast du getan oder unterlassen in Bezug auf dich selbst
oder auf einen anderen Menschen?

Vielleicht sind es Alltagssituationen,
in denen du dich über dich selbst geärgert hast ...
oder es sind wichtige Lebensereignisse, die dir noch nachgehen, ...
weil du mit deinem eigenen Verhalten nicht zufrieden gewesen bist.

Übe die Fähigkeit der Selbstvergebung
zunächst aufgrund von geringen Anlässen,
bevor du dich an die großen Themen wagst. ...
Erinnere dich jetzt ganz konkret an ein solches Ereignis. ...

Ich umarme dich liebevoll und durchströme dich
mit meinem goldenen Licht von allen Seiten,
während du nun alle deine Gefühle wie Schuld, Scham,
ein schlechtes Gewissen, Zweifel, Hilflosigkeit, Wut auf dich selbst
oder Traurigkeit in dir hochkommen lassen kannst. …

Alle diese Gefühle dürfen aus der Tiefe hervorquellen. …
Lasse sie mit jedem Ausatem fortströmen. …
Vielleicht fällt es dir auch leichter,
deine Gefühle über eine Bewegung auszudrücken …
oder einen Ton aus dir heraus entstehen zu lassen. …
All das kann dir helfen,
dich von deinen bisher festgehaltenen Gefühlen zu lösen.
Setze dies so lange fort,
bis eine Empfindung des Befreitseins einsetzt. …

Spüre dabei wie meine Liebe im goldenen Licht
unaufhaltsam zu dir strömt und höre mein Flüstern:
Dir ist vergeben.
Dir ist vergeben.
Dir ist vollkommen vergeben.

Klopfe nun mit den Fingerkuppen einer Hand
im gleichmäßigen Rhythmus auf die Mitte deines Brustbeins
und sprich so oft, wie es dir richtig erscheint, laut in den Raum:

Ich habe mir vergeben.
Ich habe mir vollkommen vergeben.
Ich fühle mich frei und voller Frieden.

Selbstvergebung macht dich frei.

Heilsatz: Ich vergebe mir selbst und fühle mich frei.

55 Der Engel des Lächelns

Ich bin der Engel des Lächelns und strahle dich an.
Ein echtes Lächeln entsteht nicht auf deinem Gesicht,
sondern aus der Mitte deines Herzens
und hier hin, meine liebe Seele, möchte ich dich jetzt führen.

Wenn du mir erlaubst,
setze ich dir jetzt einen Lichtkeim in dein Herz,
damit es dir leicht fällt, dich aus deiner Herzensmitte zu öffnen.

Lasse diesen Lichtkeim sich jetzt langsam ausweiten
zu einer goldenen Welle, die sich nach rechts und links
und nach unten und oben in dir ausbreitet. …

Nach einer Weile kann die goldene Welle
noch über deinen Körper hinaus in den Raum fließen. ...
Lasse noch weitere goldene Lichtwellen
durch deinen Körper strömen
und erlaube es deinem Gesicht sich dabei zu entspannen. ...

Lässt du auf diese Weise goldene Wellen durch dich strömen,
kann ein inneres Ja zu dir entstehen,
eine Freude über diesen einzigartigen Moment.
Auf diese Weise kann sich wie von selbst
ein Lächeln auf deinem Gesicht zeigen
als Zeichen deiner Entspannung,
deines dich Wohlfühlens und deiner Präsenz. ...

Ich wünsche dir, dass es dir in deinem Leben leicht fällt zu lächeln.
Auch anderen Menschen wird es guttun,
wenn du ihnen aus deinem Herzenslächeln begegnen wirst.

Vor allem sei dir selbst ein Lächeln wert.

Heilsatz: Mein Lächeln macht mein Leben leichter.

56 Der Engel der Schönheit

Ich bin der Engel der Schönheit
und ich möchte dich daran erinnern,
wie viel Schönheit es in deinem Leben gibt.

Vielleicht findest du einen Sonnenaufgang schön,
das Gesicht eines geliebten Menschen,
den Herbstwald oder das strahlend blaue Meer.
Öffne jetzt deine Wahrnehmung
für das Schöne in deiner Umgebung. ...

Auf welche Schönheit kannst du blicken?
Kannst du lauschend einen schönen Klang entdecken?
Oder gibt es etwas Schönes, dass du ertasten kannst?

Lasse bitte zu, dass dein Herz von Schönheit berührt wird. ...

Ich bin der Engel der Schönheit
und ich öffne dir den Blick für alles, was schön ist.
Schönheit ist stets um dich herum.
Wenn das mal nicht so sein sollte,
dann trage du zur Schönheit bei,
denn Schönheit ist ein Ausdruck deiner Seele.

Schönheit zeigt sich in Harmonie,
in wohltuender Ordnung und auch in Reinheit.

Aus meiner Sicht sage ich dir: Auch du bist schön.
Vielleicht hast du dich selbst noch nicht so gesehen,
doch für uns Engel bist du etwas ganz Besonderes.
Ich bitte dich darum, das Schöne in deinem Leben zu pflegen,
das Schöne in dir und das Schöne um dich herum.

Dein Leben sei mit Schönheit gesegnet.
Schönheit soll dich stets begleiten als Ausdruck deines Wesens.
Sie darf dich erfreuen in allen Situationen deines Alltags.
Folge dem Pfad der Schönheit.

Heilsatz: Schönheit ist in mir und um mich herum.

57 Der Engel der Freundschaft

Als Engel der Freundschaft möchte ich dich vor allem bitten,
dir selbst eine gute Freundin/ein guter Freund zu sein.
Freundschaft mit sich selbst bedeutet, für dich da zu sein,
dich für deine Interessen einzusetzen, an dich zu glauben
und dich selbst in Bezug auf deine Wünsche und Bedürfnisse
auf eine vielfältige Weise zu unterstützen.

Wenn du deine beste Freundin/dein bester Freund bist,
was möchtest du dir in diesem Augenblick mitteilen?

Lebst du ein freundschaftliches Verhältnis mit dir selbst,
nimmt deine innere Stärke zu. Das wird es dir erleichtern,
einem vertrauenswürdigen Menschen echte Freundschaft anzubieten.
Vergegenwärtige dir jetzt, wer deine Freundinnen und Freunde sind.

Stell dir gedanklich vor, dass du in ihrer Mitte stehst
und deine Freundinnen und Freunde sich um dich herumgruppieren.
Die Menschen, die deinem Herzen am nächsten sind,
stehen nahe bei dir und die anderen ein Stück weiter weg.

Erlebe dich in deinem Herzenslicht
und lasse aus seinem Zentrum Lichtstrahlen entstehen.
Verbinde dich über diese Lichtstrahlen
mit allen deinen Freundinnen und Freunden,
die sich auch von ihrem Herzen her mit dir verbinden.

Wie gestärkt fühlst du dich in ihrem Kreis?

Wenn du uns erlaubst, dann stellen wir Engel uns dazu,
denn die Freundschaft aller Engel ist dir gewiss.
Manche von uns Engeln werden dir ganz nahe sein,
so wie dein Schutzengel.
Mache dir bewusst, wie viele Engel eng bei dir sind. ...

Wir anderen Engel bilden einen Kreis um dich …
und dann noch weitere Kreise. …
Unsere Engelkreise setzen sich bis in die Tiefe des Universums fort,
bis zur göttlichen Quelle des Lichts. …
Aus ihr fließt Freundschaft
und reine Liebe bis in deinen Körper. …

Du bist unsere geliebte Freundin/unser geliebter Freund.

Heilsatz: Ich bin mir selbst eine gute Freundin/ein guter Freund. Ich bin anderen eine gute Freundin/ein guter Freund. Ich bin befreundet mit den Engeln.

58 Der Engel des Mitgefühls[3]

Ich bin der Engel des Mitgefühls
und komme aus der Quelle der Liebe zu dir.
In aller Freundschaft nehme ich dich so an, wie du bist
und fühle mit dir, ganz gleich wie es dir geht. …

Meine Aufgabe ist es, dein Mitgefühl zu stärken
für alles, was dich umgibt
und was deiner Anteilnahme bedarf.
Um Mitgefühl mit anderen Menschen zu haben,
brauchst du dich weder anzustrengen,
noch dich zu verausgaben.

Wir Engel möchten jedoch nicht,
dass du mit anderen Menschen mitleidest.
Verankere dich deshalb in deinem Herzen
und lasse Liebe, Verständnis und Anteilnahme strömen
wie ein warmes, weiches Licht. …

Im Mitgefühl nimmst du Anteil
am Leben deines Gegenübers
und schenkst ihm für eine Weile
deine bedingungslose Aufmerksamkeit.
Im Mitgefühl schenkst du liebevolle Zuwendung,
manchmal mit einer Geste, einem Wort der Anteilnahme
oder einfach mit deiner stillen Präsenz,
ohne jegliche Erwartung etwas zurückzubekommen.

Übe Mitgefühl, mein lieber Mensch,
denn Mitgefühl ist neben Frieden, Liebe und Dankbarkeit
eine der höchsten spirituellen Disziplinen.

---

[3] Diese Botschaft findest du als Youtube-Video unter dem Titel „Der Engel des Mitgefühls".

Mitgefühl ist tätige Liebe.
Sie schaut durch alle Masken des Gegenübers
tief in sein Herz.
Übe Mitgefühl,
denn es wird nicht nur deinem Gegenüber guttun,
sondern auch deine Lebensqualität verbessern,
denn im Mitgefühl bist du nicht nur mit einem Menschen,
einem Tier oder der Natur verbunden,
sondern auch tief mit deiner eigenen Liebeskraft.

Geliebte/Geliebter, fühle dich stets
von unserem Mitgefühl umfangen,
bei allem, was dich bewegt.

Heilsatz: Ich verbinde mich mit der Liebeskraft in meinem Herzen und übe Mitgefühl.

59 Der Engel des Abendrots

Ich bin der Engel des Abendrots und leuchte für dich
in allen glühenden und sanften Tönen eines Sonnenuntergangs,
damit du jetzt den Frieden in dir erfahren kannst,
nach dem du dich schon so lange sehnst.

Begib dich mit deiner Aufmerksamkeit
in dein Herz, meine liebe Seele,
und schaue von dort aus zu mir.
Sieh meine Engelgestalt und darin die Sonne
umgeben vom Raum des Himmels,
der in allen rötlichen Farben schimmert.

Atme tief ein und sei dir gewiss, dass ich bei dir bin. …
Atme lange und sanft aus und lasse dabei mein Licht wirken. …
Atme meine leuchtenden und sanften Farben einige Male ein …
und lasse mit den nächsten Ausatemströmen tief in dir los. …

So kann meine leuchtende Sonne dein Herz erfüllen …
und deine Gedanken dürfen sich
im großen Feld des Friedens lösen.
Sei gesegnet mit goldener Freude und unendlichem Frieden. …
Bleibe so lange bei mir wie du es möchtest.

Ich freue mich auf ein Wiedersehen mit dir
an einem der nächsten Abende,
wenn du mich am Himmel erkennst.

Heilsatz: Ich kann mich zu jeder Zeit auf den Engel des Abendrots konzentrieren. Das schenkt mir Freude und unendlichen Frieden.

60 Der Engel der inneren Oase

Ich bin der Engel der inneren Oase.
Wenn du es magst, dann verlassen wir beide jetzt
die Welt der vielen Aufgaben.
Wenn du mich gewählt hast,
ist es Zeit alles liegen zu lassen
und dich von den Erwartungen zu lösen, die die Welt an dich stellt.

Gehe mit deinem Bewusstsein durch ein großes Lichttor,
das sich vor deinem Herzen befindet
und das ich jetzt für dich offen halte. ...
Tritt ein in den Raum deines Herzens
und wenn du magst, dann begleite ich dich dabei. ...

Stell dir deinen Herzraum wie einen großen Garten vor. ...
Wenn du damit einverstanden bist,
spazieren wir Hand in Hand durch den Garten deines Herzens. ...
Sieh, was in deinem Herzen alles wächst und gedeiht. ...
Schaue dir die Blumen an. ...
Nimm ihren Duft wahr. ...
Berühre eine Blüte mit deiner Hand. ...

Nun lausche den Klängen in deinem Garten...
und lasse dich von einem dieser angenehmen Töne
zum schönsten Ort des Gartens bringen. ...
Hier findest du alles, was du brauchst, um dich wohlzufühlen.
Komme in deiner inneren Oase an und nimm Platz. ...
Lasse es dir gut gehen und genieße die Ruhe. ...

Du bist hier, damit du dich wohlfühlen kannst. ...
Jeglicher Alltagsstress darf von dir abfallen. ...
Lasse dich ein in das was ist.
Vor allem genieße es, in deinem Rückzug zu sein.

Ich bin dabei stets an deiner Seite
und segne dich im Garten deines Herzens,
während du dich in deiner Oase entspannst und wohlfühlst.
Bleibe solange hier wie es dir guttut. ...

Kehre nach einer Weile gestärkt in deinen Alltag zurück.

Heilsatz: Ich fühle mich wohl in der Oase meines Herzens.

61 Der Engel der Vergangenheitsbewältigung

Ich bin der Engel der Vergangenheitsbewältigung
und scheine hell und strahlend in deiner Nähe auf.

Ich würde mich sehr freuen, wenn du das Geschenk,
das ich dir mitgebracht habe, annehmen würdest.
Ich kann dir dabei helfen, die noch heute spürbare Belastung
eines vergangenen Ereignisses zu vermindern oder aufzulösen.

Wenn du dazu bereit bist, denke an eine vergangene Situation,
in der du verletzt wurdest, unglücklich warst oder enttäuscht. …

Was ist damals geschehen?

Vielleicht ist es dir möglich, diese Situation
als Zuschauerin/Zuschauer wie einen Film
auf einer Leinwand anzusehen. …
Nimm in deiner Vorstellung in einem großen Kinosaal Platz.
Du entspannst dich in deinem Sitz und darfst dich sicher fühlen.
Lasse den Film einmal ganz durchlaufen …
bis die letzte Szene erscheint. …
Halte hier den Film an und betrachte dich in dieser Situation. …

Lenke deine Aufmerksamkeit wieder zurück zu dir selbst.
Ich sende dir jetzt ein goldenes Licht in deinen Herzraum.
Dieses Licht wird dich dabei unterstützen,
dich für die Liebe zu dir selbst zu öffnen. …
Das goldene Licht wärmt dich von innen,
bis sich alle Herztore geöffnet haben
und du mit deiner Wahrnehmung vollständig
in den strahlenden Raum deines Herzens eintrittst. …
Hier ist alles Liebe. …

Bilde von hier aus einen Strahl der Liebe,
den du zu deinem jüngeren Ich auf dem Standbild fließen lässt. …

Was geschieht, wenn dein jüngeres Ich
von deiner Liebe berührt wird?

Hülle dein jüngeres Ich sanft mit deiner Liebe ein. …
Und wenn es nach einer Weile möglich ist,
dann sende diesem verletzten Anteil deine Liebe direkt ins Herz.
Beobachte, was sich verändert. …

Vielleicht ist es dir möglich
aus dem Zuschauerraum aufzustehen,
das jüngere Ich an die Hand zu nehmen
und zu dir zu holen, in dein jetziges Leben hinein,
um es voller Liebe in die Arme zu schließen. …
Lasse den Schmerz des jüngeren Ichs
sich in deiner Liebe auflösen. …
Spüre dich in dieser Umarmung.
Ich stehe hinter euch und umarme euch beide
mit meiner goldenen bedingungslosen Liebe.

Alles ist gut. Alles ist im Fluss.
Alles kann durch Liebe geheilt werden. ...

Verweile solange in dieser Situation, wie du es brauchst,
bis der Schmerz sich in der Liebe gelöst hat
und nur noch Liebe da ist. ...

Komme anschließend mit deiner Aufmerksamkeit
zurück auf die Ebene des Alltags
und bleibe heute in liebevoller Verbindung
zu deinem jüngeren Ich mit den Worten:

Ich verstehe dich.
Ich halte dich in meinen Armen.
Ich liebe dich. Du gehörst zu mir.

Sei gesegnet auf deinem Weg der Heilwerdung.
Ich bin stets für dich da, wenn du mich brauchst.

Heilsatz: Durch die Liebe in meinem Herzen bin ich in der Lage,
alle Schmerzen aus meiner Vergangenheit zu heilen. Die Engel
helfen mir dabei.

62 Der Engel der heilenden Hände

Ich bin der Engel der heilenden Hände
und komme mit meinen Lichthänden zu dir.
Du weißt, dass jeder Engel dir bei deiner Heilung helfen kann,
wenn deine Seele dazu bereit ist und es zulässt.

Aber weißt du auch, dass du, liebe Seele,
eine Heilerin/ein Heiler bist?

Doch es geht heute nicht darum,
einen anderen Menschen zu heilen,
sondern dich selbst. Bist du bereit?

Bitte lasse deine Handinnenflächen nach oben schauen.
Ich nähere mich jetzt deiner linken Hand
und zeichne ein Symbol in deine Handinnenfläche.
Nimm wahr, was dann geschieht ...

Jetzt nähere ich mich deiner rechten Hand
und zeichne auch dort ein Symbol in deine Handinnenfläche.
Kannst du es spüren?

Erlebe nun beide Hände gleichzeitig,
die von mir gesegnet wurden. ...
Kannst du wahrnehmen,

wie sich das Lichtfeld deiner Hände öffnet?
Lege nun eine Hand auf dein Herz
und betritt mit deiner Aufmerksamkeit deinen Herzraum,
den Raum, in dem deine bedingungslose Liebe wohnt.
Lasse Herz, Liebe und Hand eins werden. …

Lege die andere Hand auf einen Bereich,
der krank oder unausgeglichen ist
oder unterstützt werden möchte.
Spüre, wie diese Hand diesen Körperbereich berührt …
und wie Wärme dort einströmt. …

Spüre jetzt beide Hände gleichzeitig
und lasse Heilung geschehen.
Ich stehe hinter dir und berühre dich sanft
an deinen Oberarmen.

Wiederhole innerlich dreimal die folgenden Aussagen:

Heilung ist Licht. Heilung ist Liebe. Heilung ist immer möglich.

Verweile solange in der Heilungsenergie wie du möchtest. …

Lege dir selbst deine heilenden Hände auf den Körper,
wann immer du es brauchst und sei mit mir verbunden.
Ich danke dir für dein Vertrauen.

Heilsatz: Ich heile mich durch die Liebe in meinem Herzen.

63 Der Engel der Herzenswünsche

Ich bin der Engel der Herzenswünsche.
Ich bin heute zu dir gekommen,
damit du dein Herz für deine Wünsche öffnest.
Alle nicht erfüllten Wünsche ruhen in deinem Herzen
und warten darauf, mit deiner Aufmerksamkeit
und Hingabe beschenkt zu werden.

Diese Herzenswünsche haben nichts
mit den alltäglichen Bedürfnissen zu tun,
sondern sie sind Teil deiner Persönlichkeit.
Sie sind das Potenzial zu deinem Glück.

Ich sende dir goldgelbes Licht in dein Herz,
sodass es sich öffnet und weit wird. …
Sieh ein großes goldenes Tor vor deinem Herzen
und lasse es uns gemeinsam öffnen, …
damit wir die blühende Landschaft deiner Seele erkunden können.
Lasse uns diese Landschaft erkunden mit allem, was dort wächst.

Betrachten wir gemeinsam die Blumen, … die Sträucher …
und die Bäume, die dort ihren Raum gefunden haben. …
Beachte das Wetter. …
Vielleicht gibt es dort auch Tiere. …
Schenken wir ihnen gemeinsam
unsere Anerkennung und Bewunderung.
All das, was dort wächst, symbolisiert dein gelebtes Leben, …
zeigt die Wünsche, die erfüllt sind …
und die Chancen, die du bereits in deinem Leben ergriffen hast. …

Sieh nun in einiger Entfernung ein Gebäude. …
Vielleicht erkennst du es als Tempel
oder es ist eine andere Art von Haus. …
Es ist das Haus deiner Herzenswünsche. …
Wie sieht es aus? …

Komme, liebe Seele,
lasse uns zu dem Haus deiner Herzenswünsche gehen. …
In diesem Haus kannst du einen Vorgeschmack erleben,
wie es ist, wenn sich ein Herzenswunsch erfüllt.
Wenn du bereit bist, tritt durch die Tür in den Vorraum.
Von hier aus gehen verschiedene Türen ab. …
Hinter jeder Tür wartet die Erfüllung eines Herzenswunsches
auf dich. …

Öffne die erste Tür
und mache einen Schritt über die Schwelle in den Raum.
In dieser Dimension hat sich dein Traum bereits erfüllt.
Was siehst du? … Was fühlst du? … Was hörst du? …
Was riechst oder schmeckst du? …
Nimm dir Zeit in diese Erfahrung einzutauchen. …
Genieße die Erfüllung. …

Nach einer Weile verlasse den Raum,
mit der damit verbundenen inneren Erfüllung.
Vielleicht magst du ein anderes Mal zurückkommen,
um eine neue Erfahrung mit einem anderen Herzenswunsch
zu machen.

Wenn wir uns wieder im Vorraum begegnen,
verlassen wir beide dieses Gebäude, …
spazieren durch die Landschaft zurück zum goldenen Tor. …

Es kann dir viel Vertrauen geben,
ab und zu hierhin zurückzukehren,
um dich mit der sinnlichen Kraft
deiner Herzenswünsche zu verbinden.
Dies wird dich im Alltag motivieren,
dich auf die Erfüllung deiner Herzenswünsche auszurichten,
indem du entweder aktiv darauf zusteuerst
oder auf den rechten Moment wartest,
den du dann ohne Zögern ergreifen kannst.

Nur Menschen,
die von der Erfüllung ihrer Wünsche träumen,
können eine Realität erschaffen,
die noch über den Traum hinausgeht.

Du bist mit deinen Herzenswünschen gesegnet.

Heilsatz: Ich lasse mich von meinen Herzenswünschen leiten.

64 Der Engel des Sommers

Ich bin der Engel des Sommers
und schenke dir Sonnenlicht, gute Laune
und eine Zeit der Fülle.

Sieh dich jetzt in deinem Leben um,
überall bist du von Fülle umgeben.
Lasse dein Mangel- oder Armutsbewusstsein los
und beginne Leichtigkeit und Schwung
in deinem Alltag zu leben.

Lasse ein Lächeln entstehen und spüre,
wie es in deiner Seele wirkt. …
Für dich ist die Zeit des Genießens gekommen.
Mache dir bewusst, dass du von Fülle umgeben bist
und über inneren und äußeren Reichtum verfügst. …

Jetzt ist die Zeit gekommen,
all das Gute um dich herum wertzuschätzen.

Fokussiere heute deine Aufmerksamkeit
auf das Gute, Wohlwollende und Liebevolle,
dass dir deine Mitmenschen entgegenbringen
und bringe ihnen innerlich
oder auch äußerlich ein „Danke" entgegen.

Doch es ist nicht nur Zeit,
den Sommer im Freien wahrzunehmen,
sondern sich auch für den Sommer in dir zu öffnen
und andere Menschen daran teilhaben zu lassen.
Achte auf das Gute, Wohlwollende und Liebevolle in dir,
das mit anderen geteilt werden möchte.
Strahle deine Freundlichkeit und Liebe aus,
ohne etwas zurückzuerwarten.
Freude zu teilen ist dein natürliches Bedürfnis.

Sei gesegnet im Annehmen und Teilen der Fülle des Lebens.

Heilsatz: Ich liebe die Fülle in mir und mich herum.

65 Der Engel der Heilkraft

Ich bin der Engel der Heilkraft.
Ich komme zu dir, um dich daran zu erinnern,
dass du die Kraft besitzt, dich selbst zu heilen.

Weder die Ärzteschaft
noch geistige Heilerinnen und Heiler
können eine Krankheit oder ein seelisches Leiden heilen.
Nur du selbst kannst es durch die Heilkraft in dir,
die zur Weisheit deiner Seele gehört.

Ich bin heute bei dir, damit du dir dieser Heilkraft
noch bewusster wirst als zuvor.
Schenkst du ihr deine Aufmerksamkeit,
wird sie sich intensivieren.

Entspanne dich in deiner Sitzhaltung
und stell dir deine Heilkraft
als einen farbigen Strom aus Energie vor,
der sich frei durch deinen Körper bewegt. …

Überall in dir fließt ein heilsamer Strom
und sorgt dafür, dass alle Zellen deines Körpers
optimal in ihrer ureigenen Frequenz schwingen. …
Alle Organe sind durchströmt von diesem Strom der Farben
und jedes deiner Organe wird mit der Farbe versorgt,
die es braucht, um vollkommen gesund zu sein
und zu bleiben. …

Bist du bereit den Strom der Heilkraft zu verstärken?

Wenn du mir erlaubst, berühre ich dich jetzt.
Nimm die Körperstelle wahr, an der du meine Berührung spürst. …
Durch diese Berührung verstärke ich die Heilkraft in dir,
sodass du ihr Strömen noch deutlicher in dir wahrnehmen kannst. …

Sprich zur weiteren Verstärkung eine Intention aus:

*Ich lasse jetzt … (Körperbereich oder seelisches Thema einsetzen)
heilen.*
Erlebe das Fließen und das Vibrieren des heilenden Stroms in dir
solange wie du es möchtest. …

Du bist die Heilerin/der Heiler deiner selbst.
Wir Engel verbeugen uns vor deiner Heilkraft.

Heilsatz: Ich vertraue der Heilkraft in mir.

Bringe deine Lebendigkeit und Kreativität zum Ausdruck

Das Bild vom blauen Ozean steht für Freiheit und Weite. Im Mittelpunkt der folgenden Engelbotschaften stehen Themen, die dich dabei unterstützen, deine Lebendigkeit und Kreativität offen zum Ausdruck zu bringen. Die Engel laden dich ein, deinen emotionalen, kreativen und geistigen Reichtum mit der Welt zu teilen. Dazu ist es manchmal notwendig, dich von einengenden Verhaltensmustern zu befreien. Alle Gefühle brauchen einen angemessenen Raum, um von dir gehört und angenommen zu werden, damit sie weiter schwingen können. Die Engel unterstützen dich darin, dich selbst mit allen deinen starken und schwachen Seiten anzunehmen.

Weiterhin möchten die Engel dir helfen, dir den Raum zu nehmen, den du brauchst, um frei durchatmen zu können. Manchmal gehört dazu ein ruhiger Raum der Erholung und ein anderes Mal braucht es klare Worte gegenüber deinen Mitmenschen.

66 Der Engel der Rose

Ich bin der Engel der Rose und ich schenke dir
meinen Duft und mein Geheimnis.
Lasse mich in meiner Gestalt vor dir erscheinen,
sieh die Rosen aus Licht, die ich dir mitgebracht habe. …

Wenn du magst, atme den Rosenduft,
den ich dir bringe, tief ein, …
lasse ihn ausatmend durch deinen ganzen Körper strömen,
damit er seine harmonisierende Kraft in dir entfalten kann. …

Und noch zweimal:
Meinen Rosenduft tief einatmen …
und ihn ausatmend in deinem Körper verströmen lassen. …

Nun schaue in einen Rosenkelch. …
Eine Rose verschenkt nicht nur ihren Duft,
sie verschenkt sich selbst.

In der bedingungslosen Hingabe an das Sein
öffnet sich die Blüte mit ihren von innen nach außen
spiralig angeordneten Blätterlagen, …
bis schließlich ihr Inneres freiliegt. …

Deine Seele ist wie eine Rose.
In ihr ist dein ganzes Potenzial verborgen.
Durch Liebe und Achtsamkeit
können sich deine inneren Qualitäten
immer weiter ins Leben öffnen,
denn du hast der Welt ein einzigartiges Geschenk zu geben.
Dieses Geschenk bist du selbst.

Stell dir jetzt deine Seele wie eine Rose vor:

Welche Farbe hat sie?
Wie weit ist deine Seelenrose geöffnet?
Wie leuchtet sie im Licht?

Ich bin der Engel der Rose und ich bitte dich,
all das in dir wertzuschätzen, was du vorfindest.
Liebe alles, was du bist.

Dir ist es möglich, die Rose deiner Seele
im Laufe deines Lebens immer weiter zu öffnen,
damit das in der Welt zu leuchten beginnt,
was dich ausmacht.

Ich unterstütze dich dabei.

Heilsatz: Ich liebe alle Schätze, die ich in mir finde
und bringe sie zur richtigen Zeit ans Licht.

67 Der Engel der Farben

Ich bin der Engel der Farben. Hast du mich gewählt,
sind einige Farben in deiner Aura verblasst,
weil sich ein grauer Schleier von Sorgen
und Belastungen darüber gelegt hat.
Möglicherweise fehlt es dir im Leben an Farbigkeit im Alltag,
das heißt an Abwechslung oder intensiven Erlebnissen,
die dich aufatmen und lächeln lassen.

Sitz aufrecht und bequem und strecke deinen Arm aus.
Stell dir in diesem Radius dein Energiefeld wie eine Kugel vor. ...
Jetzt kannst du deinen Arm wieder sinken lassen.
Lasse mich jetzt bitte hinter dir stehen ...
und meine leuchtenden Flügel ausbreiten, ...
mit denen ich deine hintere Aurakugel berühre. ...

Spüre meinen ersten Flügelschlag und nimm wahr,
wie er alles Graue und Belastende aus deinem Aurafeld nimmt. ...
Und noch einmal bewege ich meine Flügel sanft durch dein Feld,
sodass deine Farben zu strahlen beginnen. ...

Ich bringe dir die Möglichkeit, Frische und neue Energie
durch die Aktivierung von Farben in deine Aura zu bringen.
Jede Farbe hat eine andere Schwingung
und entspricht damit einem anderen Energieimpuls.
Gerne gebe ich dir einen einfachen Überblick
über die Bedeutungen der Farben:

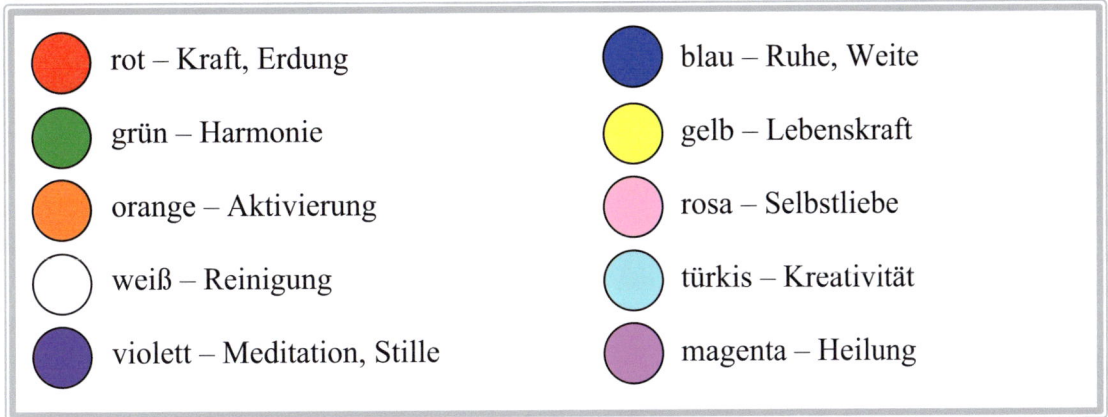

Je nachdem wie intensiv eine ausgewählte Farbe leuchtet,
hat sie eine etwas andere Botschaft.
Du selbst bist eine Expertin/ein Experte
für die Bedeutung der Farben,
denn du weißt aus deinem Inneren heraus, was dir gefällt
und dir ein positives Gefühl vermittelt.

Welche Farbe(n) möchtest du in dir
und um dich herum noch mehr zum Leuchten bringen?

Wähle eine bestimmte Farbe aus,
indem du eine Fingerspitze auf einen Farbkreis legst. …
Zusätzlich hast du die Möglichkeit,
mit Hilfe deiner Vorstellungskraft eine Farbintensität zu wählen,
als gäbe es einen Regler, mit du die Helligkeit einstellen könntest.
Jedes Mal, wenn ich mit meinen Flügeln schlage,
lade ich dein Energiefeld mit dieser Farbe auf,
die dir jetzt guttut, die dich stärkt und harmonisiert. …

❇

Sei dir wert, in deinem ureigenen Licht zu leuchten.
Ich stehe jederzeit hinter dir, wenn du mich brauchst.

Heilsatz: Ich strahle in den Farben meiner Seele.

68 Der Engel des Vergebens

Ich bin der Engel des Vergebens und bitte dich heute
mit dem Vergeben zu beginnen oder es fortzusetzen.
„Wem oder was soll ich vergeben?" höre ich dich fragen.
Liebste Seele, du hast in deinem Leben schon viel erlebt
und manchmal kam es zu Verletzungen,
wenn du im Stich gelassen wurdest,
verraten, beleidigt oder verleumdet.

Auch wenn du weißt, dass ein geliebter Mensch
dich nicht verletzen wollte, ändert es nicht die Tatsache,
dass eine Verletzung stattgefunden hat.

Wähle ein Ereignis aus deiner Vergangenheit,
das dir wehgetan hat
und noch heute auf irgendeine Weise nachwirkt.
Doch wähle zunächst nicht das gravierendste Ereignis aus,
sondern ein kleineres, um mit mir vertraut zu werden.

Vielleicht spürst du noch einen Schmerz,
bist traurig darüber, ärgerlich oder enttäuscht.
Wähle jetzt ein solches Ereignis aus
und lasse die Erinnerungen daran aufsteigen. ...

Was ist genau geschehen?
Was hat die Verletzung ausgelöst?

Ich schaffe jetzt einen heiligen Raum um dich herum,
einen Lichttempel, dessen Energien es dir erleichtern werden,
deine Wahrheit auszusprechen und dein Herz
für die Liebe zu dir selbst zu öffnen.

In diesem Tempel triffst du den Menschen, der dir wehgetan hat. ...
Lasse ihn in einem Abstand vor dir erscheinen,
der für dich angemessen ist.
Am Boden befindet sich eine goldene Grenze,
die dein Gegenüber nicht überschreiten kann,
wenn du es nicht erlaubst.

Beginne nun damit,
all das gegenüber deinem Gegenüber auszusprechen,
was zu sagen ist, damit deine Gefühle Raum bekommen. ...
Beachte bitte, meine liebe Freundin/mein lieber Freund,
es geht darum, dass du dich entlastest,
es geht nicht darum, dass die andere Person dich versteht.
Ich bleibe an deiner Seite, beschütze dich,
stärke dich und helfe dir.

Beginne zu sprechen.

❋

Lege anschließend eine Hand auf dein Herz
und verbinde dich mit der Liebe zu dir selbst,
mit der Liebe, die immer da ist. ...
Sprich zu deinem Gegenüber:

Dein Verhalten war damals falsch.
Doch aus der Kraft meiner Liebe zu mir
und mit der Hilfe meiner Engel
vergebe ich dir alles, was du mir damals angetan hast.

Ich vergebe dir aus der Tiefe meines Herzens,
damit ich frei werde von Groll, Schmerz oder Hass
und anderen Gefühlen.

Ich vergebe dir vollkommen auf allen Ebenen,
damit ich frei bin von aller Belastung,
meine Seele heilt
und ich von nun an in Frieden mit dir
und dem Ereignis bin.

Ich hoffe, meine liebe Seele, dass es dir jetzt besser geht
und du dich erleichtert fühlst.
Falls du noch nicht ganz vergeben konntest,
wiederhole dieses Ritual so oft,
bis du vollkommen von deinem Schmerz erlöst bist.
Ich bin stets an deiner Seite, wenn es um Vergebung geht.

Vergebung macht dich frei!

Heilsatz: Indem ich vergebe, werde ich frei.

69 Der Engel der Selbstbestimmung

Ich bin der Engel der Selbstbestimmung
und unterstütze dich dabei,
dich von deinen festen Meinungen zu trennen,
die auf früheren Erfahrungen basieren.

Vor allem helfe ich dir dabei,
dich von scheinbar guten Ratschlägen deiner Umwelt zu lösen,
denn niemand weiß besser, was für dich gut ist als du selbst.
Ich möchte dich darauf aufmerksam machen,
dass du jederzeit deinem Leben
eine neue Richtung geben kannst.

Nimm heute jede Situation bewusst wahr.
Das bedeutet aufmerksam zu sein
und deine Wahrnehmung zu vertiefen,
was immer dir auch begegnet.
Auf dieser Grundlage entwickelt sich die Intuition
für deinen nächsten Schritt,
wodurch du Mut gewinnen kannst ihn durchzuführen,
ganz gleich wie deine Umwelt darauf reagiert.

Du hast die Kraft in dir,
deinen ganz eigenen Weg zu gehen.
Dieser Weg ist die Lebendigkeit pur
und immer für eine Überraschung gut.

Was bahnt sich gerade in dir an?
Welche Ausfahrt wirst du aus der Routine deines Lebens wählen?

Der Weg der Selbstbestimmung ist weder leicht noch sicher.
Du kannst mich jederzeit rufen, damit ich dich unterstütze,
damit du so sein kannst, wie du bist und sein möchtest.

Bestimme selbst über dein Leben,
denn du hast die Kraft in dir, Verantwortung zu tragen
und das zu tun, wonach dein Herz verlangt.

Heilsatz: Ich entscheide über die Richtung in meinem Leben.
Ich bestimme über mein Glück.

70 Der Engel der heiligen Wut

Ich bin der Engel der heiligen Wut
und mache dir bewusst,
dass es eine berechtigte Empörung in dir gibt.
Manchmal ist es im Leben wichtig, reinen Tisch zu machen
und nicht davor zurückzuschrecken,
deine Wahrheit klar und deutlich auszudrücken.

Hast du mich ausgewählt,
segne ich dich mit dem reinen Geist der Wut,
der überkommene Strukturen zerstört,
damit auf diesen Trümmern neues Leben wachsen kann.
Deine heilige Wut möchte weder dich
noch andere Menschen verletzen,
sondern dich von dem befreien,
was dich verletzt, erstickt oder massiv einschränkt,
damit du wieder in Freiheit atmen kannst.

Es geht um die Zerstörung der Strukturen,
denen du dich freiwillig unterworfen hast.
Vielleicht hast du es nicht anders gewusst
oder du hast dich selbst zu etwas gezwungen,
um irgendetwas zu erreichen oder um geliebt zu werden.

Deine heilige Wut basiert auf der Liebe zu deinem Leben.
Sprich oder schreie sie in einen geschützten Raum hinein. ...

Es macht mich wütend, dass ...

Spüre die Entlastung, die daraus entsteht. ...

✺

Aus diesem Gefühl der Entlastung heraus
gehe ruhig auf deine Mitmenschen zu
und teile ihnen mit, was du zu sagen hast.

Heute ist der Tag, zu dir selbst zu stehen
und deinen Anspruch umzusetzen,
diejenige/derjenige zu sein, die/der du aus deinem Innern bist.

Heilsatz: Meine heilige Wut hilft mir, mich von selbstauferlegten
Einschränkungen zu befreien und zu mir selbst zu stehen.

71 Der Engel der Selbstbestätigung

Ich bin der Engel der Selbstbestätigung und heute bei dir,
damit deine persönliche Stärke zunimmt.
Auch wenn du schon ein gutes Selbstwertgefühl hast,
kann es doch für dich wichtig sein,
dir selbst seelische Nahrung zu geben.

Mache dich nicht von der Bestätigung
anderer Menschen abhängig.
Es ist nicht nötig dich anzustrengen,
um ihre Aufmerksamkeit zu erringen.

Ich werde dich dabei unterstützen,
das Prinzip der Selbstbestätigung in dein Leben zu integrieren,
damit du stark, selbstbewusst und zufrieden
deinen Alltag meisterst.
Fang am besten gleich damit an!

Wofür kannst du dich loben?
Denke dabei bitte nicht nur an außergewöhnliche Leistungen,
auch wenn du sie mit einbeziehen kannst.
Beim Prinzip der Selbstbestätigung geht es hauptsächlich
um eine positive Bewertung deiner Alltagshandlungen.

Beginne beispielsweise damit, dich dafür anzuerkennen,
dass du dir heute ein gutes Frühstück gegönnt hast,
deine Haare gut aussehen, deine Augen wunderschön sind
oder du bereits dieses oder jenes vorbereitet oder erledigt hast.
Erkenne bitte alle positiven Gewohnheiten an,
die du bereits in deinen Alltag integriert hast.

Gerade dann, wenn du etwas Neues in deinem Leben beginnst,
ist es hilfreich, dass du dich sowohl für deine Absicht
als auch bei jedem deiner Schritte bestärkst.
Aus dieser grundlegenden wertschätzenden Haltung
entwickeln sich neue Kräfte für deine nächsten Aktivitäten.

So birgt das Prinzip der Selbstbestätigung
ein wunderbares Geheimnis.
Lobst du dich und nährst auf diese Weise
die Freude in deinem Leben,
wird dir das deine Umgebung spiegeln.
Deine Mitmenschen werden sehen, wie du Stärke,
Zuversicht und Freude ausstrahlst
und dich in dem, was du tust, anerkennen.

Lasse uns jetzt beginnen, meine Liebste/mein Liebster.
Bestätige dich in deinen Aktivitäten,
Entscheidungen und Einstellungen
oder einfach darin, dass du so bist wie du bist.

Ich finde es gut, dass ich ...
Ich mag an mir, ...
Ich schätze an mir, dass ...
Ich habe gut für mich gesorgt, indem ich ...
Ich freue mich, weil ...

Falls dir nichts mehr einfällt,
gehe mit deiner Erinnerung weiter in die Vergangenheit,
denn schließlich gibt es hier viele Aktivitäten und Entscheidungen,
auf die du voller Freude und Anerkennung zurückblicken kannst.

Lobe dich. Ehre dich. Bestätige das Gute in dir.

Heilsatz:
Ich bin ein wunderbarer Mensch und ich liebe mich.

72 Der Engel des Sturms

Ich bin der Engel des Sturms
und lade dich ein, deinen Blick nach innen zu richten
und deine Gedanken und Gefühle wahrzunehmen.
Wenn du mich gewählt hast, dann bahnt sich
unter deiner ausgeglichenen oder betriebsamen Fassade
eine Unruhe oder Nervosität an.
Es zeigen sich in dir erste Anzeichen eines Sturms.

Ich stelle dir einen heiligen Raum zur Verfügung,
in dem du unbeschadet und ohne anderen zu schaden
deinen Sturm entfachen kannst.

Vielleicht hast du dich schon zu lange
mit deinen natürlichen Lebensimpulsen zurückgenommen.
Möglicherweise hast du dir keine Zeit gegeben,
um ihnen nachzugehen.

Doch das, was aus deiner Seele ganz natürlich
ins Leben streben möchte, sich ausdrücken
und wirksam in der Welt werden will,
verschwindet nicht von allein, wenn du es beiseite schiebst.

Du hast die Gelegenheit,
diesen Unruheherd in dir aufzusuchen.
Begib dich dazu in einen Raum, in dem du ungestört bist.
Finde die Unruhe, den Ärger oder die Wut in dir,
die bisher keinen Ausdruck finden konnte
und nur darauf wartet, dass du die Erlaubnis gibst,
um an die Oberfläche zu gelangen.

Meine liebe Schwester/mein lieber Bruder,
verliere dich bei deiner Suche nach dem Unruheherd
nicht in Traurigkeit oder in eine depressive Verstimmung.
Verbinde dich stattdessen mit dieser inneren Bewegung in dir
und gib ihr die Erlaubnis sich auszudrücken.

Ich bin der Engel des Sturms und ich helfe dir dabei,
eine körperliche Bewegung in dir zu entfachen,
damit jede Ungerechtigkeit, jeder Schmerz, jede Wut
den Weg in die Freiheit finden kann.

Es wird dir helfen, aufzustehen und dich zu bewegen,
sodass dein innerer Sturm aufkommen kann. …
Bewege dich, liebe Freundin/lieber Freund,
und werde selbst zum Sturm,
der sich jetzt von innen nach außen
immer mehr in dir ausbreiten kann, wenn du es zulässt. …

Vielleicht möchtest du aus deinen Knien heraus
ein kleines Zittern entstehen lassen, …
das allmählich stärker wird, …
bis es schließlich deinen ganzen Körper erfasst. …

Vielleicht erlaubst du deinen Armen, sich zu bewegen
und alles Festgehaltene aus dir heraus in die Luft zu schleudern. …
Spüre, wie dabei deine Füße fest am Boden stehen.
Du hast ein Recht auf einen Ausdruck all dessen, was in dir ist. …
Sprich oder schreie in den Raum, was du zu sagen hast. …

Vielleicht fühlst du dich in diesem Sturm wie ein Baum,
der in der Erde fest verwurzelt ist. …
Es kann jedoch auch sein, dass es dir guttut,
mit den Füßen in die Luft zu treten
und jeden Tritt mit einem Laut zu begleiten. …

Ich bin der Engel des Sturms und ich sage dir,
dein Sturm ist gesegnet. Lasse ihn geschehen …

※

Erlebe, wie er allmählich verebbt. ...
Nimm nun die Stille nach dem Sturm wahr, ...
die gereinigte Atmosphäre in dir und um dich herum. ...
Genieße diese Ruhe, die sich jetzt um dich herum ausbreitet.

Empfinde deinen geklärten Raum. ...

Heilsatz: Ich gebe meinen aufgestauten Gefühlen Raum
und fühle mich frei.

73 Der Engel des Tanzes

Ich bin der Engel des Tanzes.
Lasse mich dich zum Tanzen bringen.
Wenn du mich gewählt hast, dann ist es Zeit,
erneut deinen Körper, und vor allem dein Herz
und deine Füße zu spüren.

Komme, meine Liebe/mein Lieber, steh auf und tanze mit mir. ...
Vielleicht magst du eine Musik einschalten,
die dir besonders gefällt oder du tanzt aus der Stille heraus mit mir.
Gestalte es so, wie es dir gefällt. ...

Falls du in einer Situation sein solltest,
in der es dir nicht möglich ist zu tanzen,
dann tanze mit mir in deinen Gedanken in einem großen Saal
oder in der Natur.

Wie es auch sein sollte, lasse mich dich
beim Tanzen manchmal sanft berühren.
Mit jeder meiner Berührungen
nehme ich etwas Ballast von dir fort,
sodass du dich noch leichter fühlen kannst.
Nimm meinen zarten Kontakt an deiner Hand wahr, ...
an deinem Arm. ...
Spüre meine Berührung in deinem Rücken ...
und in deinem Gesicht. ...

Deine Arme können sich frei im Raum ausbreiten. ...
Deine Wirbelsäule kann zu einem jungen Bambus werden,
biegsam und leicht bei jeder Bewegung.
Aus deinen Augen darf deine Freude leuchten,
wenn wir uns miteinander bewegen. ...

Nimm wahr, was du dabei in deinem Herzen fühlst
und ganz gleich, was du wahrnimmst,
nimm es hinein in deinen Tanz. ...

Lasse uns gemeinsam weiter tanzen
und Freude an diesem bewegten Beisammensein erleben.
Du siehst und fühlst mich in meiner Freude und Leichtigkeit.
Ich sehe dich mit deinen Gefühlen,
mit allem, was dich jetzt bewegt. ...

Ich bin der Engel des Tanzes und schenke dir
einen sicheren Raum, in dem du dich zeigen kannst,
wie du jetzt bist.

Dein Atem tanzt. ...
Deine Haare tanzen. ...
Deine Finger tanzen. ...
Deine Füße tanzen und dein ganzer Körper. ...
Deine Gefühle tanzen und auch deine Gedanken. ...
Alle deine Zellen tanzen
und alle Atome tanzen ihren kosmischen Tanz. ...
Du bist als Tänzerin/als Tänzer geboren,
denn alles tanzt in dir. ...

Das Leben tanzt. ...

❋

Auch wenn ich mich allmählich von dir löse,
tanze weiter durch deinen Tag.
Gib heute jeder deiner Bewegungen eine leichte tänzerische Qualität.
Ich begleite dich und segne deinen Tanz.

Heilsatz: Ich tanze voller Leichtigkeit durch meinen Tag.

74 Der Engel des reinigenden Feuers

Ich bin der Engel des reinigenden Feuers
und zeige mich in deinem Leben, wenn die Gefahr besteht,
dass du in einem deiner Lebensbereiche in Negativität versinkst.
Das kann sich in mutlosen Gedanken äußern,
in schwarzmalenden Selbstgesprächen,
in übertriebener Selbstkritik oder in anderen Verhaltensweisen,
die dich schwächen und dein Selbstbewusstsein schmälern.

Doch dies kann sich ändern,
wenn du dich mir anschließen möchtest.
Mache dir den Lebensbereich bewusst,
in dem du dunklen Gedanken Raum gegeben hast. ...
Male dir in Gedanken ein Bild davon,
was aus deinen negativen Gedanken und Erwartungen entsteht.
Gib dir ein bisschen Zeit, das Bild
vor deinem inneren Auge entstehen zu lassen. ...

Nimm wahr, welche unangenehmen Gedanken
und Gefühle dabei in dir entstehen. ...
Vielleicht wird das Bild immer dunkler
und es kann sogar sein, dass alles schwarz wird. ...

Wenn du das Bild vollendet hast,
dann nimm innerlich ein paar Schritte Abstand
und lasse mich dir jetzt ein Feuer senden,
das deine gelebte Negativität in Form des Bildes verbrennen kann.

Bis du bereit dazu?

Wenn das so ist, dann sende ich dir eine Flamme vom Himmel,
die dieses Bild jetzt verbrennt. ...
Sieh genau hin, wie das Feuer das Bild allmählich zerstört, ...
bis nichts mehr bleibt als ein Häufchen Asche, ...
die vom Wind zerstreut wird. ...

Nun reiche ich dir ein reines Blatt Papier,
mit dem du die Gelegenheit bekommst, ein neues Bild zu malen.
Male ein Bild, dass dich voller Stärke, Frieden
und Selbstbewusstsein zeigt. ...
Nimm dir Zeit, ein solches Bild
vor deinem inneren Auge entstehen zu lassen.

Vielleicht hast du dabei eine solche Situation
genau vor dir und weißt ganz genau, was du abbilden möchtest.
Möglicherweise magst du lieber eine Farbe auswählen
und du lässt dich von dir selbst überraschen,
welches Bild entsteht.
Wie auch immer es sein mag,
meine liebe Schwester/mein lieber Bruder, male los. ...

❋

Wenn das Bild fertig ist,
nimm zunächst einen inneren Abstand davon,
um es in Ruhe betrachten zu können.

Welche Farben zeigen sich auf dem Papier?
Was drücken Sie aus?

Nun nimm deinen Verstand hinzu und frage dich,
was das Bild als Symbol aussagt.
Erkenne seine positive Kraft oder die Freude, die darin steckt. ...
Nimm sie in deinen Herzraum hinein
und lasse sie dort wirken. ...

Heilsatz: Ich lasse meine Negativität im Feuer verbrennen
und gestalte mein Leben positiv.

75 Der Engel des Wasserfalls

Ich bin der Engel des Wasserfalls
und in mir strömt das Licht wie lebendiges Wasser.
Meine Aufgabe ist es, dich einzuladen
mit mir auf eine kleine Reise zu gehen.
Komme mit mir zu einem wunderschönen Ort,
an dem du dich entspannen, Belastungen abwaschen
und deine Energien aufbauen kannst.

Kann es losgehen?

Wenn du einverstanden bist, nehme ich dich an die Hand
und führe dich über eine Lichtschwelle
in eine wohltuende grüne Landschaft.
Sieh dich hier um. …

Atme einige Male bewusst die reine Luft ein
und lasse ausatmend deine Alltagsbelastungen los. …
Während du weiter mit mir durch die Landschaft wanderst,
nimm den Boden unter deinen Füßen wahr
und wenn es dir Freude bereitet, berühre einige der Blumen
oder nimm dir Zeit einen Baum zu begrüßen. …
Nimm die samtige Luft wahr und erlebe die Düfte der Umgebung.

Lasse uns weitergehen,
denn ich möchte dich zu einem Wasserfall führen.
Höre mit mir das Rauschen des Wassers aus der Ferne
und lasse uns allmählich in diese Richtung schreiten. …

Nach einer Weile entdeckst du
im leuchtenden Grün der Natur den Wasserfall. …
Wenn du magst, entledige dich deiner Kleidung …
und steige ins frische, klare Wasser.
Hier findest du einen Platz,
an dem du dich sicher unter einen Wasserstrahl stellen kannst. …
Lasse dich von dem sanft herabfallenden Wasser reinigen,
sodass du dich nach einiger Zeit immer lebendiger fühlst. …

Nimm nun wahr, wie die Sonne ihr Licht in das Wasser sendet,
sodass es in allen Regenbogenfarben zu glitzern beginnt. …
Dadurch kannst du alle Farben aufnehmen,
die dein Energiekörper jetzt braucht,
um sich mit Freude und Kraft aufzutanken. …

Genieße weiterhin dein Bad
und fülle dich mit diesen guten Energien auf. …
Wenn du nach einer Weile aus dem Wasser kommen möchtest,
wirst du neue Kleidung finden, die ich dir bereit gelegt habe. …

Wie fühlst du dich jetzt?

Lasse uns allmählich zur Lichtschwelle zurückkehren
und gemeinsam hinüber schreiten,
sodass du allmählich wieder in deinem Alltag ankommen kannst. ...

Genieße deine Zeit.

Heilsatz: Es gibt einen inneren Ort in mir, an dem ich neue Kräfte schöpfen kann.

76 Der Engel der Ganzheitlichkeit

Ich bin der Engel der Ganzheitlichkeit.
Mein lieber Mensch, auch wenn du dich manchmal nicht wohlfühlst
und die Welt nicht immer deinen Erwartungen entspricht,
bist du viel mehr, als du denkst.

Ich möchte dir heute eine kleine Übung schenken,
mit deren Hilfe du deinen Energiekörper harmonisieren kannst.
Das wird dich dabei unterstützen, dich ganzheitlich,
dass heißt auf allen Ebenen deines Seins, wahrzunehmen.
Öffne deine Hände zu einer Schale,
damit ich sie mit meinem Segenslicht fülle. ...

Führe beide Hände mit dem Segenslicht zu deinem Schambein
und lasse es in diesen Bereich einfließen.
Sprich dabei drei Mal:

Ich bin mit der Erde verbunden.
Ich bin in meiner Kraft.
Ich bin gesund.

Empfange erneut mein Segenslicht in deiner Handschale
und lege beide Hände auf deinen unteren Bauch.
Lasse das Segenslicht einströmen und sprich drei Mal:

Ich liebe mein inneres Kind
und mein inneres Kind liebt mich.
Ich bin in meiner Freude.

Nach dem nächsten Empfangen des Segenslichts
führe beide Hände auf deinen oberen Bauch.
Lasse das Segenslicht hineinfließen und sprich drei Mal:

Ich bin in meiner persönlichen Kraft.
Ich beschenke die Welt und die Welt beschenkt mich.
Mein Leben ist ein kostbares Geschenk.

Lasse nun wieder das Segenslicht in die Handschale fließen,
lege beide Hände auf dein Brustbein
und lasse den Segen in deinen Herzraum strahlen.
Sprich drei Mal:

Ich bin in meiner Liebe.
Ich liebe und werde geliebt.
Ich liebe mein Leben.

Anschließend füllst du die Handschale erneut mit Segenslicht
und führst die Hände zur rechten und linken Seite deines Halses.
Sprich dabei drei Mal:

Ich bin einzigartig.
Ich bin verbunden mit anderen einzigartigen Menschen.
Ich zeige mich so wie ich bin.

Fülle ein letztes Mal deine Handschale mit meinem Segenslicht.
Lege eine Hand auf die Stirn und die andere auf den Übergang
des Nackens zum Hinterkopf.
Lasse das Segenslicht einfließen und sprich:

Ich lasse mich in die Stille ein.
Ich finde Ruhe.
Ich bin in Frieden.

Lasse die Hände wieder sinken.
Nun sende ich dir einen hellen Segensstrahl vom Himmel, ...
der durch dein Kronenchakra einfließt, ...
dein ganzes Sein erfüllt ...
und darüber hinaus in die Erde strömt. ...
Fühle dich so angebunden an das göttliche Licht
und sprich drei Mal:

Mein ganzes Sein ist erfüllt von göttlichem Licht.
Mein ganzes Sein ist erfüllt von göttlichem Frieden.
Mein ganzes Sein ist erfüllt von göttlicher Liebe.

Ich bin der Engel der Ganzheitlichkeit und du bist das,
was du glaubst zu sein.

Heilsatz: Ich lebe aus meinem höchsten Potenzial.

77 Der Engel der Kommunikation

Ich bin der Engel der Kommunikation.
Um in gutem Kontakt mit deinen Mitmenschen zu sein,
ist es wichtig, dass du eine innere Verbindung zu dir selbst hast.

„Wie soll das gehen?" fragst du dich vielleicht.
Ich möchte dir heute zeigen, dass es drei Ebenen in dir gibt,
die an deiner inneren Kommunikation beteiligt sind.

Zunächst gibt es den unteren Bauch
mit seinem sogenannten Bauchgefühl,
den Instinkten und der Intuition.
Darüber hinaus repräsentiert er dein inneres Kind
mit seinen lebensbejahenden Interessen,
aber auch mit seinen Verletzungen und Empfindsamkeiten.

Der Kopfbereich steht für deinen Verstand,
für dein analytisches Denkvermögen.
Er ist in der Lage, ein Problem oder eine Situation
völlig emotionsfrei zu betrachten und auf dieser Grundlage
Lösungsvorschläge zu entwickeln.

Die Mitte des Brustraums beherbergt dein Herz.
Das Herzzentrum ist der Ort der überpersönlichen Gefühle,
wie z.B. tiefer Frieden oder bedingungslose Liebe.
Es ist der Ort deiner inneren Balance
und kann aufgrund der Impulse des Bauches und des Verstandes
eine ganzheitliche Lösung finden.

Lieber Mensch, denke jetzt an ein Problem
oder an eine Entscheidung, die du noch zu treffen hast.
Was sagt dein Bauch?
Lasse deinen Bauch mit allen seinen Gefühlen frei in dir sprechen.
Manchmal hilft es auch, dir die Stimme eines Kindes vorzustellen,
das offen seine Gefühle ausdrückt. Nimm dir Zeit zuzuhören. …

Was sagt dein Verstand?
Lausche seinen klaren Argumenten.

Finde dich nun mit deiner Aufmerksamkeit
in deinem Herzraum ein
und öffne dich für ein Gefühl des Friedens
oder der Liebe zu dir selbst. …

Sende aus der Mitte deines Herzzentrums
einen grünen Strahl des Verständnisses zu deinem Bauch
und einen weiteren grünen Strahl des Verstehens zum Kopf.
Auf diese Weise sendet das Herz die Botschaft:
Ich ehre dich für deinen Standpunkt.
Danke für das Vertrauen, das du mir entgegenbringst.

Über das Herz bist du mit spirituellen Meisterinnen und Meistern,
mit uns Engeln und natürlich mit der universellen Liebeskraft
in direkter Verbindung. Öffne dich für diese Realität …
und lasse aus deinem Herzen heraus eine Lösung entstehen. …

Wenn nicht sofort eine Antwort erscheint,
bleibe in einer empfänglichen Haltung.
Sei dir gewiss, dass dein Herz eine Lösung finden wird
und darüber hinaus wir Engel daran mitwirken werden,
wenn du für unsere Unterstützung offen bist.

Verlasse nach einiger Zeit diese meditative Ebene
und widme dich voller Vertrauen deinem Alltagsgeschehen.
Dein Herz ist eine weise Führerin.

Heilsatz: Ich ehre die Klugheit meines Verstandes. Ich ehre die Lebendigkeit meines Bauchgefühls. Ich vertraue der Weisheit meines Herzens.

78 Der Engel der Luft

Ich bin der Engel der Luft
und schenke dir Raum und Weite.
Ich komme zu dir, wenn du das Gefühl hast,
nicht mehr richtig durchatmen zu können.
Vielleicht fühlst du dich mit Verantwortung überladen
oder du hast dir in letzter Zeit keinen Platz mehr genommen,
über den Tellerrand deines Alltagslebens hinauszuschauen.

Breite deine Arme aus, mein lieber Mensch,
und bewege dich durch den Raum.
Mache dir auf diese Weise den Raum um dich herum bewusst.
Ja, es gibt Platz für dich und bitte,
nimm dir nicht nur heute so viel Platz, wie du brauchst.
Die Zeit der Zurückhaltung ist jetzt vorbei.
Stehe zu dir und deinen emotionalen Bedürfnissen.

Als Engel der Luft bitte ich dich, dir Luft zu verschaffen
und das heißt, dass es Zeit ist, damit zu beginnen,
Klarheit in deine Beziehungen zu bringen.

In welcher Beziehung hast du dich zurückgenommen,
hast vielleicht eine Faust in der Hosentasche gemacht
oder deine Enttäuschung zurückgehalten?

Vielleicht denkst du, dass dich dein Gegenüber nicht verstehen wird.
Doch es geht vielmehr darum, dass du verständnisvoll
dir selbst gegenüber bist und das zum Ausdruck bringst,
was dich wieder frei atmen lässt.

Mit mir an deiner Seite
wird es dir leichter fallen, reinen Tisch zu machen.
Wähle also einen deiner Mitmenschen aus,
dem du etwas zu sagen hast.

Dabei geht es nicht darum, dein Gegenüber zu verletzen
und es sollte auch nicht passieren,
dass du in diesem Gespräch verletzt wirst.

Lasse mich bei dieser Begegnung bei dir sein.
Wenn es dir angenehm ist, stehe ich direkt hinter dir
und stärke dir deinen unteren Rücken,
damit du die Kraft findest, das auszudrücken,
was dir wichtig ist.

Ich stärke dir dabei von hinten deinen Herzbereich,
damit du in Liebe und Verständnis für dich selbst bleibt
und die Worte finden kannst,
die auch das Herz deines Gegenübers erreichen können.

Heilsatz: Ich spreche aus, was mich bewegt.

Finde Frieden in dir und öffne dich für ein höheres Bewusstsein

Ein leuchtender Amethyst steht hier für die Themen des inneren Friedens und der Erweiterung des Bewusstseins. Auf dieser Ebene des Lebens geht es unter anderem um deine persönliche Vision für dein Leben. Deine daraus abgeleiteten Ziele sollten sich in vollkommener Übereinstimmung mit deinen Werten befinden. Du hast ein Recht darauf, dir das beste Leben zu wünschen.

Um dort hinzukommen braucht es einen Blick, der über den Tellerrand deines Alltagsichs hinausgeht. Deshalb unterstützen dich die Engel, mit deiner Aufmerksamkeit ganz im Jetzt anzukommen. Sie zeigen dir Wege auf, wie du durch deine Präsenz an Klarheit gewinnen kannst.

79 Der Engel des Einschlafens

Ich bin der Engel des Einschlafens und sage dir,
dein Schlaf ist etwas Wunderbares,
denn im Schlaf tauchst du in deine Träume ein.
In deinen Traumzeiten verarbeitest du viele Eindrücke,
Erlebnisse und seelische Herausforderungen.
Dies ist der Raum,
in dem ich gemeinsam mit deiner leuchtenden Seele
eine neue Ordnung in dir schaffe.

In der Zeit deines Tiefschlafs
befindet sich deine Seele in einer anderen Dimension,
sie kehrt nach Hause zurück zur Quelle der Schöpfung.
Aus diesen Gründen ist es wichtig, dass du tief schläfst.

Falls du nicht gut einschlafen kannst,
dann rufe mich zu dir. Ich werde sofort bei dir sein.
Während du im Bett liegst und dir wünschst zu schlafen,
werde ich dich sanft an deinen Handgelenken berühren. …
Spüre diesen federleichten Kontakt
und die tiefe Ruhe, die ich dabei ausstrahle. …

Nun berühre ich dich an deinen Ellbogengelenken
und gebe dir Raum, diese zarte Verbindung wahrzunehmen. …
Ganz leicht begebe ich mich zu deinen Schultern
und berühre sie in meiner federzarten Weise. …
Du kannst dir so viel Zeit nehmen, wie du möchtest,
diesen Kontakt zu erleben, mit dem ich eine ruhevolle Energie
in dich einströmen lasse. …
Nach einer Weile berühre ich leicht deine Leisten. …

Anschließend begebe ich mich
mit meiner beruhigenden Energie zu deinen Knien ...
und zum Schluss zu deinen Fußgelenken. ...

Was darf ich jetzt noch für dich tun?

Wenn du möchtest, schlafe in meiner liebevollen Umarmung ein,
in der du dich sicher und geborgen fühlen kannst. ...

Ich bin am Abend und in der Nacht
stets bei dir, wenn du mich brauchst,
und hege und pflege deinen Schlaf.

Schlafe tief und gut.

Heilsatz: In den Armen meines Engels schlafe ich tief und gut.

80 Der Engel des Atemstroms

Ich bin der Engel des Atemstroms und ich erinnere dich daran,
dass du jederzeit die Ruhe und den Frieden des Jetzt erleben kannst,
wenn du nur mit deinem Atem verbunden bist
und sein Strömen unmittelbar erlebst.

Möchtest du ins Jetzt eintauchen,
dann nimm wahr, wie kühl der Einatem durch die Nase einfließt ...
und wie warm und weich dein Ausatem deinen Körper verlässt. ...

Nimm mit deinen nächsten Atemströmen
diesen Temperaturunterschied noch einige Male wahr. ...
Vielleicht reicht dies schon aus,
um Ruhe und Frieden in dir einkehren zu lassen. ...

Wenn du deine Erfahrung noch vertiefen möchtest,
helfe ich dir gerne weiter, indem ich mich
mit meiner silbernen, klaren Energie vor dir ausbreite. ...

Wenn du magst,
dann materialisiere ich mich in deiner Nähe,
damit ich dich sanft mit meinem silbernen Energiefeld
umhüllen kann. ...

Wenn du möchtest, atmen wir jetzt zusammen.
Einatmend tauche mit deiner Aufmerksamkeit
tief in deinen Körper ein.
Ausatmend löse alle deine Spannungen
und lasse sie in mein silbernes Feld hineinströmen,
damit ich sie aufnehmen und transformieren kann. ...

Noch zwei weitere Male. ...

Einatmend tauche tief in deine Gefühle hinein.
Ausatmend löse dich von allen Gefühlen
und lasse sie in mich hineinströmen,
damit ich sie in Ruhe und Frieden verwandle. ...
Noch zwei Mal. ...

Einatmend tauche tief in deine Gedanken ein.
Lasse ausatmend alle deine Gedanken los
und sende sie in mein Silberlicht,
damit sie sich dort in Stille auflösen. ...
Noch zwei Mal. ...

Einatmend tauche tief in deine Stille ein.
Ausatmend lasse deine Stille in mich hineinströmen,
damit sie sich vertiefen kann. ...
Noch zwei Mal. ...

Mensch und Engel,
du und ich atmen den Augenblick. ...

Heilsatz: Ich lebe im Augenblick.

81 Der Engel der Friedlichkeit

Ich bin der Engel, der dir Friedlichkeit bringen möchte.

Friedlich wirst du nur dann, wenn du bereit bist,
den Frieden in dir zu pflanzen,
wie eine Gärtnerin/ein Gärtner ihre/seine Blumenzwiebeln.
Innere Friedlichkeit ist die Eigenschaft,
die dir das Tor zum großen Frieden öffnet.

Bist du bereit mein Geschenk zu empfangen?

Kleine Lichtfunken lege ich sanft in dein Sakralchakra.
Erlebe, wie sie in deinem unteren Bauch leuchten,
ihn entspannen und sich dort Friedlichkeit ausbreiten kann. ...

Kleine Lichtfunken streue ich dir zart ins Herzchakra.
Erlebe, wie sie leuchten und nimm dabei wahr,
wie Frieden als ein feines und ruhiges,
dir Sicherheit vermittelndes Gefühl entstehen kann. ...

Kleine Lichtfunken bringe ich zu deinem Stirnchakra,
damit sie dein Denken beruhigen
und Friedlichkeit in deinen Geist einkehren kann. ...

Alles ändert sich in dir,
wenn du dich für die Bereitschaft öffnest,
ein friedvolles Gefühl sich in dir ausbreiten zu lassen. ...

Während die Lichtfunken weiter wirken,
kann sich Frieden als eine innere Realität in dir verwirklichen. ...
Du beginnst das Leben um dich herum
aus der Perspektive des Friedens zu betrachten.
Die belastenden Gefühle und der Schmerz anderer Menschen
reißen dich nicht mehr aus deiner Mitte,
denn du hast vielleicht zum ersten Mal eine Antwort darauf.
Sie entsteht aus deiner Friedlichkeit,
aus der du die Welt betrachtest, berührst und erhörst. ...

Allmählich beginnst du, das Geheimnis des Friedens zu verstehen.
Du kannst nicht um Frieden kämpfen.
Du kannst nur Frieden sein.

Vertiefe dich in deine Friedlichkeit.
Werde zum Frieden aus der Stille deines Seins. ...
Er wirkt, ganz gleich, ob du sprichst oder schweigst.

Frieden ist dein Weg.

Heilsatz: In mir finde ich Frieden.

82 Der Engel der Gerechtigkeit

Ich bin der Engel der Gerechtigkeit.
Gerechtigkeit ist ein weltumspannendes Prinzip,
denn alles auf dieser Erde strebt nach Ausgleich
und fordert seinen natürlichen Platz ein.

Auch in deinem Leben gibt es ein Streben nach Balance.
Jeder Aspekt deines Lebens
möchte seinen natürlichen Platz einnehmen.
Je besser dir das gelingt, umso mehr steigt dein Wohlbefinden.

Du brauchst Raum für dich, für soziale Beziehungen,
für den Beruf, für deinen Schlaf und für vieles mehr.
Nun schaue dir dein Leben an.
In welche Bereiche steckst du zu viel Energie?
In welchen Lebensthemen erlebst du ein Defizit
an Raum, Kraft oder Zeit?

Ich lade dich ein, dir selbst gegenüber gerecht zu werden.
Denke bitte nicht, dass du dies auf später verschieben könntest,
denn jetzt ist die Zeit für Gerechtigkeit.

Du bist uns Engeln so wertvoll, dass wir dir sagen:
Du hast es verdient, gerecht behandelt zu werden
und zwar vor allem von dir selbst.

Wenn du dazu bereit bist, lasse die folgenden Heilsätze wirken:

In mir gibt es viele Interessen, Bedürfnisse und Impulse.
Alles in mir hat seine Berechtigung und braucht seinen Platz.
Es tut mir gut, mir gegenüber gerecht zu sein,
indem ich mein Leben neu ins Gleichgewicht bringe.

Was wird dein nächster Schritt sein,
um dir in deinem Leben eine größere Gerechtigkeit
widerfahren zu lassen?

Heilsatz: Ich bin mir selbst gegenüber gerecht, indem ich eine
Balance zwischen allen meinen Interessen und Bedürfnissen
immer wieder neu herstelle.

83 Der Engel des besten Lebens

Ich bin der Engel des besten Lebens.
Du hast das beste Leben nicht nur verdient,
sondern du hast die Möglichkeit,
das beste Leben zu führen, das dir möglich ist.

Wenn ich vom besten Leben spreche,
dann meine ich damit nicht viel Geld auf deinem Bankkonto,
teure Reisen und andere Statussymbole.
Ich möchte dir vielmehr ins Gedächtnis rufen,
dass nur du selbst weißt, was am besten für dich ist.

Um das zu spüren und zu leben,
löse dich von den Erwartungen deiner Umwelt
und beginne damit, Verantwortung für deine Entscheidungen
und deine Nicht-Entscheidungen zu übernehmen.

Du lebst nicht hier auf dieser Erde,
um dich nach den Vorstellungen anderer zu richten.

Deine beste Zeit ist nicht vorbei
und sie beginnt auch nicht morgen, in drei Monaten
oder in einem Jahr. Deine beste Zeit ist jetzt!

Sie ist jetzt und dies ist ganz unabhängig davon,
ob du gesund oder krank bist,
ob du eine liebevolle Partnerin/einen liebevollen Partner
an deiner Seite hast oder allein lebst.

Deine beste Zeit beginnt weder dadurch,
dass du nur an dich denkst und egoistisch wirst,
noch dass du dein Leben für andere aufgibst.

Sie fängt dann an, wenn du damit beginnst,
dein Herz für die Liebe zu dir selbst zu öffnen.
Dann kann möglicherweise die Traurigkeit
über verpasste Chancen herausfließen.
Das wird dich frei machen, einen neuen Raum wahrzunehmen,
eine Leere, die du mit dem Besten füllen kannst.

Vielleicht musst du dich erst daran gewöhnen,
dass jetzt, gerade in diesem Augenblick,
dein bestes Leben bereits stattfindet.
Aus dem Bewusstsein,
dass jetzt die beste Zeit in deinem Leben ist,
wird es dir leicht fallen, kleine und große Entscheidungen zu treffen,
die das Beste in deinem Leben hervorbringen.
Auf was willst du noch warten? ☺

Lebst du dein bestes Leben, dann wächst du an deinen Ängsten,
lebst deine Träume und schenkst dir selbst und der Welt
das Wertvollste, was du zu geben hast:
dich selbst in deinem besten Leben.

Heilsatz: Ich ermögliche mir das beste Leben
und erfreue mich daran.

84 Der Engel des Stilleseins

Ich bin der Engel des Stilleseins
und ich bin stets in deiner Nähe.
Ich bin nicht nur da,
wenn du dich in der Hektik der Welt verloren hast.
Ich bin auch da, wenn du vor lauter Gedanken
keine Ruhe in dir findest.

Ich bin der Engel des Stilleseins und bin deine Freundin.
Ich zeige dir einen Weg, wie die Stille dich nährt
und wie sie dich zu dir selbst zurückbringt.

Heute möchte ich mit dir das Wunder des Stilleseins teilen
Lasse mich dir bitte nahe sein.
Ich kann dir helfen, deine Ohren für die Stille zu öffnen.

Ganz gleich wo du jetzt bist,
vergegenwärtige dir die Muscheln deiner Ohren …
und vielleicht magst du sie auch für einen Moment
mit deinen Händen sanft ertasten. …

Sende anschließend deine Aufmerksamkeit
tief in deine Gehörgänge hinein. ...
Beginne nun aus dieser Tiefe
durch die Muscheln deiner Ohren
in die Weite zu lauschen. ...

Verweile so einige Momente
bei den Geräuschen oder Klängen,
die von dir am weitesten entfernt sind. ...
Nach einer Weile nimm die Geräusche wahr,
die in einer mittleren Entfernung ihren Ursprung haben. ...
Erlebe anschließend die Klänge,
die in deinem nahen Umfeld entstehen. ...

Nach einigen Momenten höre in dich hinein. ...
Lausche nicht nur in deinen Körper,
sondern auch in deine Gedanken. ...
Nimm wahr, wie lange es zwischen einzelnen Gedanken
still sein kann. ...
Erlebe, wie die Stille in dir wirkt,
wie das stille Sein dich durchwebt. ...

Stille ist das Zentrum deines Lebens.
Je tiefer du dich für diese Stille öffnen kannst,
desto leichter erlebst du bedingungslose Erfüllung. ...

Zu jeder Zeit helfe ich dir,
in dein stilles Sein zurückzukehren.

Heilsatz: Im Stillesein finde ich Erfüllung.

85 Der Engel der Fantasie

Ich bin der Engel der Fantasie und du hast mich gewählt,
weil dein Leben aus vielen Gewohnheiten besteht.
Dein Alltag verbraucht viel von deiner Kraft,
deshalb träume, meine liebe Freundin/mein lieber Freund,
damit sich die Speicher deiner Lebensenergie
wieder auffüllen können.

Ich lade dich ein, dir jetzt eine Auszeit zu nehmen.
Lasse alles hinter dir, was dich beschwert und einengt,
um mit mir gemeinsam dorthin zu gehen,
wo es einen Freiraum für deine Seele gibt.

Durch meine Präsenz wird es dir leicht fallen,
deinen Träumen in deinem Leben mehr Raum zu geben.

Das wird dich mit den tiefen Strömen deines Seins verbinden,
wodurch in deinem Leben der Kreativität, dem Wunder
und der Überraschung, eine Grundlage gegeben wird.

Ich mache dich auf drei Zugänge zum Träumen aufmerksam.
Öffne eines dieser Tore
und begib dich in das Land deiner Fantasie.
Es kann sein, dass du bereits fähig bist,
zu jeder Zeit in dein Reich der Fantasie einzukehren.
Das ist wunderbar!

Verlasse dann das Alltägliche,
um dich ganz deinen inneren Bildern,
Gefühlen, Gedankenfragmenten zu widmen,
um so eine gute Zeit mit dir selbst zu haben.
Beginne einfach mit offenen
oder geschlossenen Augen zu träumen. …

Falls es dir nicht so leicht fällt,
die Brücke zum Land der Fantasie zu überqueren,
bitte ich dich, dich daran zu erinnern,
wovon du als Kind geträumt hast. …
Vielleicht hattest du Träume von Prinzessinnen oder Cowboys,
Schlössern, Düsenjägern, Drachen oder verzauberten Orten.
Erinnere dich an deine kindlichen Träume
und tauche in die damalige Bilder- und Gefühlswelt ein. …

Wundere dich nicht, dass es eine Zeit dauern kann,
in der nichts zu geschehen scheint.
Die Stille und der leere Raum, denen du vielleicht begegnest,
sind die Eingänge zur Welt der Fantasie.
Irgendwann können die ersten Bilder,
Stimmen oder Gefühle erscheinen
und möglicherweise wirst du erst später bemerken,
dass du eine längere Zeit am helllichten Tag
im Land deiner Fantasie gewesen bist.

Falls dir das freie Träumen noch nicht gut gelingt,
dann träume von dem, was du dir von Herzen wünschst.
Lasse deine Träume sich entfalten, in allen Farben,
mit allen Düften, Klängen und allem,
was für dich dazu gehört. …

Gönne dir immer wieder diese kleinen Auszeiten,
in denen dein Verstand sich ausruhen kann
und die Bilder in den Vordergrund kommen,
die aus den Tiefen deiner Seele stammen.
Sie verbinden dich mit den Archetypen,
den Märchen und Mythen.
Alles ist in deiner Fantasie möglich,
denn alle Regeln sind außer Kraft gesetzt.

Wir Engel sind den Träumenden nah.

Heilsatz: Ich gönne mir die Zeit zu träumen.

86 Der Engel des Mondlichts

Ich bin der Engel des Mondlichts
und bringe dir Reinheit und eine beruhigende Energie.
Ich komme als silberfarbener Engel zu dir,
der dich mit allem annimmt,
das dich jetzt innerlich beschäftigt.

Verbinde dich nicht nur während der Nacht mit mir,
sondern auch tagsüber,
wenn du Klärung und Beruhigung wünschst.
Mit meinem mondfarbenen Licht ermögliche ich dir,
alle Themen, die dich aufregen, zu klären
und einen Raum entstehen zu lassen,
in dem du für die Stille empfänglich wirst.

Wenn du den Mond am Himmel nicht sehen kannst,
zeige ich dir das Bild des Vollmonds direkt vor deinen Augen. ...
Sein Licht strahlt in deinen Kopf hinein, ...
bis er nach einer Weile von silbernem Licht erfüllt ist. ...
Lasse das silberne, kühle Mondlicht
sich in deinem Kopf ausbreiten,
bis nach einer Weile deine Gedanken leiser werden. ...

Nimm wahr, wie es allmählich stiller in dir wird,
vor allem dann, wenn das silberfarbene Mondlicht
von deinem Kopf abwärts durch deinen ganzen Körper scheint, ...
bis in die Erde hinein. ...

Alle Anspannungen können sich auf diese Weise lösen, ...
sodass du nach einiger Zeit
nicht nur deinen Körper gelöster als zuvor empfinden kannst, ...
sondern auch etwas mehr Ruhe und Klarheit in dir entstanden ist.

Ganz gleich, welche Situation dich jetzt
oder in nächster Zeit belastet, rufe mich
und lasse mein kühles, silbernes Mondlicht in dich einfließen,
sodass sich deine aufgeregten Gefühle beruhigen
und du die Situation klarer und distanzierter wahrnehmen kannst,
so wie sie ist.

Heilsatz: Lasse ich silbernes Mondlicht in mich einfließen,
beruhigen sich meine Gefühle, meine Gedanken klären sich
und ich sehe die Dinge so, wie sie sind.

87 Der Engel der Aufmerksamkeit

Ich bin der Engel der Aufmerksamkeit.
Ich komme zu dir, wenn du dich mit vielen Dingen beschäftigst,
dich jedoch nicht wirklich auf etwas einlassen kannst.
Rufe mich, wenn du dir mehr Tiefe in deinem Leben wünschst.

Ich bin an deiner Seite und unterstütze dich
bei allem was du tust, um aufmerksam zu sein.
Durch eine klare und sich vertiefende Aufmerksamkeit
entsteht innere Fülle in deinem Leben.

Dir selbst Aufmerksamkeit zu schenken,
einem Menschen, einem Tier oder einer Sache,
ist dabei wie ein sanftes Streicheln deiner Seele.

Wenn du mir erlaubst, fasse ich jetzt deine linke Hand.
Spüre diesen Kontakt ...
und wie darüber meine Energie in dich einfließt, ...
eine Kraft, die deine Aufmerksamkeit weckt und stärkt. ...
Aufmerksamkeit macht dir den Strom des Lebens bewusst,
wodurch du dein Leben intensiver als zuvor erleben kannst. ...
Gib deiner Aufmerksamkeit dabei stets eine freundliche Note. ...

Werde wach, meine liebe Freundin/mein lieber Freund,
für das, was dir jetzt der Augenblick schenkt.
Schenke jetzt deinem Körper liebevolle Aufmerksamkeit. ...
Schenke deinem Atem Aufmerksamkeit, ...
deinen Gedanken ... und deinen Gefühlen. ...
Schenke jetzt deiner Umgebung deine freundliche Aufmerksamkeit.

Ich schaue mit freundlicher Aufmerksamkeit. ...
Ich höre mit freundlicher Aufmerksamkeit. ...
Ich spüre mit freundlicher Aufmerksamkeit. ...
Ich rieche mit freundlicher Aufmerksamkeit. ...
Ich schmecke mit freundlicher Aufmerksamkeit. ...

Doch beachte eins, mein lieber Mensch,
aufmerksam zu sein bedeutet nicht zu bewerten.
Vieles in deinem Leben ist einfach so wie es ist.

Jeder Augenblick in deinem Leben hat es verdient,
dass du ihn mit Aufmerksamkeit beschenkst,
denn die Fülle des Lebens ist dort, wo du dich gerade befindest. ...

Ich bin weiterhin an deiner Seite, wenn du es dir wünschst,
um dich darin zu unterstützen, dass jeder Augenblick
vom Licht deiner Aufmerksamkeit durchdrungen ist.

Heilsatz: Ich bin auf liebevolle Weise aufmerksam.

88 Der Engel der Klarheit

Ich bin der Engel der Klarheit und heute bei dir.
Ich freue mich darüber, wenn du mich einlädst,
dich aus deinem Alltagsstress, deinen Entscheidungsschwierigkeiten
oder aus irgendeiner anderen inneren Unordnung herauszuführen.

Stell dir nun deine Belastung oder deine Unklarheit
in Bezug auf ein bestimmtes Lebensthema als einen Nebel vor. …
Nimm dir Zeit, damit in Kontakt zu kommen. …

Wie nimmst du diesen Nebel wahr?
Welche Farbe und welche Dichte hat er?
Wo befindet er sich?
Hat er sich beispielsweise um deinen Kopf gelegt,
um deine Brust oder um deinen ganzen Körper?

Habe keine Sorge, denn ich werde dir helfen den Nebel aufzulösen,
sodass du deinen weiteren Weg klar sehen kannst.

Ich stehe vor dir und sende dir jetzt
aus meinem Herzen silberklares Licht.
Mein vielstrahliges, silberfarbenes Licht
sorgt dafür, dass sich der Nebel allmählich auflösen kann. …

Auch wenn dies noch einige Zeit brauchen wird,
strahle ich mein Licht immer weiter in dein Belastungsfeld, …
bis es sich mehr und mehr auflöst,
und um dich herum nichts anderes bleibt
als ein klarer, ruhiger Raum. …

Nachdem sich der Nebel vollständig aufgelöst hat,
ist eine innere Klärung möglich.
Nimm den klaren Raum um dich herum wahr,
in den ich weiterhin mein silberfarbenes Licht strahle.
Atme sanft mein silberklares Licht ein …
und lasse es ausatmend
durch deinen ganzen Körper abwärts strömen. …

Lasse damit alle Belastungen abwärts fließen, …
durch deine Füße, die den Boden berühren, bis in die Erde. …
Erlebe die innere Klarheit, die so allmählich entsteht. …
Nimm wahr, wie sich deine Gedanken beruhigen …
und deine Gefühle sich harmonisieren. …

Verweile so lange in dieser Übung,
bis du in deiner inneren Klarheit ruhst.
Bleibe mit meiner Unterstützung in dieser Klarheit
und ergreife die Chancen, die der Tag dir bietet.

Heilsatz: Ich bin mutig und klar.

89 Der Engel der Präsenz

Ich bin der Engel der Präsenz
und ich bringe dir die Kraft der Gegenwart.
Folgst du meinem Weg, wird es dir möglich sein
im Alltag geistig zu erwachen, damit meine ich,
aufgeschlossen und interessiert im Augenblick zu leben.

Um zu erleben, was Präsenz bedeutet,
stell dir einen schweren, dunklen Theatervorhang vor,
der um dich herum zugezogen ist und dich ganz umhüllt. …
Auf diese Weise verliert sich zunächst das Licht deiner Präsenz
im Dunkel des Vorhangs. …

Nun ziehe ich den Vorhang vor der Mittellinie deines Körpers,
gleichzeitig nach rechts und links auf, …
bis er in deinem hinteren Raum vollkommen verschwindet. …
Erlebe, wie du Raum gewinnst
und sich dein Licht in die Weite ausbreitet. …
Du strahlst Präsenz aus. …

Ich materialisiere mich jetzt
auf eine helle Weise in deiner Nähe und spüre zu dir. …
Verbindest du deine Aufmerksamkeit mit mir,
wird es dir einfach fallen, noch präsenter zu werden, …
mit mir in den Augenblick einzutauchen …
und im unaufhaltsamen Jetzt gemeinsam mit mir zu strahlen. …

Der Augenblick ist ein magischer Ort,
hier gibt es weder Vergangenheit noch Zukunft.
Statt zu träumen, betrittst du mit mir das reine Jetzt.

Lasse deine Präsenz strahlen.

Heilsatz: Ich bin mir meines Lichts bewusst, das unablässig
in die Welt strahlt.

90 Der Engel des Menschseins

Liebste Seele, vielleicht wunderst du dich,
dass es einen Engel des Menschseins gibt.
Mit meiner Botschaft möchte ich dir bewusst machen,
wie wichtig es ist, dass du dich in deinem Menschsein
vollkommen annimmst.
In deinem Menschsein lieben wir Engel dich.
Wir lieben dich nicht, weil du nach Perfektion strebst.
Wir lieben dich nicht deshalb,
weil du dich klein fühlst und uns groß erlebst.

Wir lieben dich einzig und allein dafür,
dass du ein Mensch bist, der Stärken und Schwächen hat.
Als Mensch bist du frei in deiner Wahl,
dich für den lichtvollen Weg der Heilung und Transformation
immer wieder neu zu entscheiden.
Du bist in jeder Sekunde auf dem Weg der Erfahrung,
des Auswählens und des Lernens.
Dafür ehren wir dich.

Du bist auf dem Weg, Erfüllung zu finden.
Dabei kannst du dir jederzeit
deines zeitlosen, strahlenden Selbsts bewusst werden,
das durch jede Situation deines Alltags leuchtet.
Für dein Menschsein ehren wir dich.

Auf deinem Weg vom Engen zum Weiten,
von der Alltagsbelastung zum universellen Frieden,
von der Verletzung zur Vergebung,
von der Einsamkeit in die unendliche Liebe
sind wir Engel stets bei dir.

Wir reichen dir die Hand, wenn du strauchelst.
Wir weisen dir den Weg, wenn du danach fragst.
Wir schenken dir Heilung, wenn du darum bittest.

Versuche bitte nicht, mehr zu sein als du bist.
Menschsein ist schon genug.

Heilsatz: Ich liebe mich in meiner Unvollkommenheit.

91 Der Engel des Schauens

Ich bin der Engel des Schauens.
Ich komme heute zu dir, damit dein Blick
nicht auf der Oberflächlichkeit des Alltags haften bleibt,
sondern damit du tiefer siehst.

Nimm dir ein wenig Zeit, um deinen Blick nach innen zu nehmen.
Dazu kannst du entweder deine Augen schließen
oder deinen Blick sich weich im Raum verlieren lassen. …
Sieh nach innen und damit meine ich ein ganzheitliches Schauen,
das die anderen Sinne mit einbezieht, also dein Hören, dein Fühlen,
dein Riechen, dein Schmecken und dein Wissen. …
Nimm zunächst deine oberflächliche Stimmung wahr …
und schaue dann tiefer in dich hinein,
in deine Gefühle, … in deine Gedanken. …
Schaue tief in dein Herz und finde den Ort,
an dem der Frieden in dir wohnt. …

Erlebe dich im Licht deines Friedens. ...

❄

Wenn du heute anderen Menschen begegnest,
auf der Straße, bei der Arbeit oder in der Familie,
dann nimm dir einen Moment Zeit, um tiefer zu schauen.
Verbinde dich mit dem Frieden in deinem Herzen,
der es dir ermöglicht, einen anderen Menschen
so zu sehen wie er ist.

Vielleicht siehst du diesen Menschen,
den du gerade betrachtest, mit seinen Alltagssorgen. ...
Lasse deine Wahrnehmung tiefer in diese Person hineinfließen
und erlebe sie mit ihrer Geschichte ... und schaue noch tiefer. ...

Blicke in ihr Herz ...
durch die dunklen Schatten der Belastungen hindurch ...
und erkenne den Menschen in seinem Licht, im Licht des Friedens,
den er durch seine Lebensaufgaben in die Welt bringen möchte. ...
Erlebe den Frieden des Menschen aus deinem Frieden,
indem du tief in sein Licht schaust. ...

❄

Ziehe nach einer Weile deine Aufmerksamkeit
bewusst und kraftvoll von der anderen Person fort,
erde dich, indem du über deine Füße in den Boden spürst. ...

Schaue mit meiner Hilfe und in meinem Schutz tiefer,
wann immer du es möchtest.

Heilsatz: Ich schaue tief und erkenne die innere Wahrheit.

92 Der Engel der Geduld

Ich bin der Engel der Geduld und bin bei dir,
weil es dir nicht leicht fällt, auf etwas zu warten.
Es gibt im Leben immer wieder Situationen,
die du nicht alleine in der Hand hast.
Du bist vom Engagement und der Zuverlässigkeit
anderer Menschen abhängig
und fühlst dich deshalb manchmal unter Druck.
In solchen Situationen wünschst du dir,
dass die Zeit schneller laufen möge,
damit das ersehnte Ereignis endlich eintreten kann.
Ich verstehe dich sehr gut,
doch aus Sicht eines Engels sage ich dir,
dass jede Zeit in deinem Leben kostbar ist.

Ich nehme dich mit deiner inneren Unruhe wahr
und deinem Tatendrang, der jetzt noch ins Leere läuft.
Wenn du mich um Hilfe bittest, komme ich zu dir,
um dich zu besänftigen
und bringe dir die Wärme der Geduld.

Habe keine Angst vor der Geduld,
sie wird dich nicht schläfrig,
passiv oder gleichgültig machen.
Sie schenkt dir stattdessen
Ausdauer, Zuversicht und Selbstvertrauen.
Sie lässt jedes Warten zu einer erfüllten Zeit werden,
in der sich deine Seele auf das vorbereitet, was kommen wird.
Vertraue auf deinen Lebensfluss und darauf,
dass alles, was du brauchst, zur rechten Zeit
in deinem Leben da sein wird.

Spüre nun die Ungeduld in dir, die du vielleicht
als Anspannung wahrnimmst, als ein inneres Kribbeln
oder als gebremste Energie. ...
Ich sende dir jetzt das warme Licht der Geduld
durch dein Kronenchakra in dein Stirnchakra hinein. ...
Lasse es hier wirken,
damit sich alle ungeduldigen Gedanken auflösen können. ...

Lasse das Licht in deinem Ausatem weiter abwärts fließen ...
tief in deinen Bauch, ... damit er sich entspannen kann ...
und von dort aus in die Erde. ...
Das Licht löst alle Spannungen, sodass sich nach einer Weile
Ruhe und Vertrauen in dir ausbreiten können. ...

So wird nach einigen Atemströmen
dein ganzer Körper entspannter und ruhiger werden können. ...
Einatmend öffne dich für dein Vertrauen
tief aus deinem Stirnchakra heraus
und ausatmend lasse Ruhe und Geduld
durch deinen ganzen Körper strömen.

Bleibe in diesem Üben so lange es dir guttut.
Gehe voller Geduld und Vertrauen deinen Weg.
Ich begleite dich dabei.

Heilsatz: Durch Geduld wird jeder Moment in meinem Leben
zu einer erfüllten Zeit.

93 Der Engel des Winters

Ich bin der Engel des Winters
und bringe dir die Zeit des Rückzugs,
der inneren Einkehr und des Friedens.

In einer schneeweißen Gestalt erscheine ich vor dir
mit Flügeln voller glitzernder Lichtkristalle.

Wenn du mich rufst, hat deine Seele
den Ruf des Rückzugs längst vernommen.
Die Zeit der Einkehr ist da und es wird für dich immer wichtiger,
dich aus der Geschäftigkeit des Alltags herauszuziehen,
aus dem Überfluss und der mentalen Spannung.

Die Zeit des Kämpfens ist vorbei.
Es geht nicht mehr darum,
für andere Menschen oder Aufgaben zu funktionieren.
Wenn ich auf der Bühne deines Lebens auftauche,
darfst du endlich wieder loslassen.
Verschiebe dein natürliches Bedürfnis nach Rückzug
und innerer Einkehr nicht weiter.

Schaffe dir einen Raum der Ruhe,
in dem es sich aufatmen lässt.
Hier dürfen sich die Belastungen der letzten Zeit lösen.

Habe keine Angst, dich auf die Stille einzulassen,
in der die Gefühle sich Raum suchen,
die mit Aktivitäten und Ablenkungen überdeckt waren.
Gönne dir die Zeit, wieder mit dir selbst eins zu werden.

Gib deinen Gefühlen die Aufmerksamkeit
und Wertschätzung, die sie jetzt brauchen.
Dränge sie nicht mehr zurück, sondern lasse sie fließen.
Ganz gleich, ob Traurigkeit, Einsamkeit, Wut,
Freude oder Frieden auftauchen,
lasse dich von dem Gefühl bewegen,
schaue ihm zu und beginne damit,
dich selbst zu verstehen und anzunehmen.

Wenn deine Gefühle wieder zu fließen beginnen,
werden sich auch körperliche Spannungen in dir lösen,
deine Lebensenergie wird wieder freier fließen
und du beginnst dich bei dir selbst zu Hause zu fühlen.

Lasse los, liebe Schwester/lieber Bruder,
kehre in dich ein und finde Frieden in dir.
Du darfst dir selbst genug sein.

Heilsatz: Ich ziehe mich zurück und bin mir selbst genug.

94 Der Engel der Meditation

Ich bin der Engel der Meditation
und möchte dich mit der heilsamen Ruhe in dir verbinden,
mit dem Frieden, der immer in dir wohnt.

Bist du bereit mit mir auf diese innere Reise zu gehen?

Ich möchte dir Wegweiser zu deiner seelischen Mitte sein.
Mache es dir bequem im Sitzen oder auch im Liegen,
sodass dein Körper sich wohlfühlt und er still werden kann.
Erlaube ihm sich zu entspannen, sich tief auszuruhen,
während du eine Hand auf dein Herz legst
und die andere Hand auf deinen Bauch. …

Spüre wie die Hand, die deinen Herzbereich berührt, aufliegt.
Ist die Verbindung fest oder locker?
Wo empfindest du den Kontakt am deutlichsten?
Wie erlebst du die Temperatur in diesem Bereich?

Nun spüre wie die Hand auf deinem Bauch liegt.
Ist die Verbindung fest oder locker?
Wo empfindest du den Kontakt am deutlichsten?
Wie erlebst du die Temperatur in diesem Bereich?

Erlebe die beiden Kontakte gleichzeitig. …
Nimm nach einer Weile wahr,
ob dabei irgendwo in dir eine angenehme Empfindung auftaucht.
So bist du auf diese drei Bereiche konzentriert:
auf den Kontakt der Herzhand, auf den Kontakt der Bauchhand
und auf ein wohliges Erleben in dir. …

Auf diese Weise kann sich die Entspannung vertiefen
und die damit verbundenen angenehmen Empfindungen
können sich in dir ausbreiten.
Wenn du dies nach einer Weile wahrnimmst,
dann reicht es vollkommen aus,
in dem Raum deines Wohlbefindens zu verweilen.
Genieße die Ruhe hier, den freien Raum
oder das, was immer du wahrnimmst. …

Falls Gedanken auftauchen, beginne wieder neu damit,
den Kontakt der Hand zum Herzbereich wahrzunehmen,
den Kontakt der Hand zum Bauch zu spüren
und anschließend beide Kontakte gleichzeitig zu erleben
sowie die Entspannung und das Wohlbefinden,
das sich irgendwann damit einstellen kann.

Ich unterstütze dich dabei,
in diesem inneren Raum des Wohlbefindens anzukommen.

Tauche tief ein. ...

Das ist der Raum der Meditation, in dem Engel und Mensch gemeinsam in wohliger Stille verweilen.

Heilsatz: Ich kann jederzeit einen Zugang zum Raum der Stille und des Wohlbefindens finden.

95 Der Engel der Zeit

Als Engel der Zeit bin ich zu dir gekommen,
um mit dir über die Bedeutung deiner Zeit zu sprechen.
Dir ist eine Zeit gegeben,
in der du aufwächst, erwachsen wirst und alterst,
bis deine Seele sich eines Tages vom Körper verabschiedet
und hinüberwechselt in die Dimension des Lichts,
aus der sie gekommen ist.

So liegt täglich eine kostbare Zeit in deinen Händen.
Nur du selbst bestimmst, womit du sie füllen willst.
Sie gehört dir, auch wenn du es manchmal
im Auf und Ab des Alltags anders empfindest.
Vielleicht taucht in dir die Frage auf:

Wofür soll ich meine wertvolle Zeit nutzen?

Aus meiner Perspektive als Engel sage ich dir:
Nutze deine Zeit, um Erfahrungen zu sammeln,
die deine Seele wachsen lassen.
Dein Herz als dein seelisches Zentrum
möchte sich immer weiter von den Belastungen
deiner Vergangenheit befreien
sowie von schmerzhaften Erinnerungen aus früheren Leben,
damit die in dir wohnende Liebe noch freier werden kann.
Deine Liebeskraft möchte durch deine körperliche Dimension
in die Welt strahlen.

Schenke auch deinem Körper Beachtung,
denn du brauchst ihn,
um deine spirituelle Aufgabe zu erfüllen,
mit Liebe und Zuversicht bestimmte Ziele zu erreichen
für dich und deine Mitmenschen.

Dein ganzes Leben
besteht aus einer Aneinanderreihung von Augenblicken.
Jeder Augenblick ist wie ein Wassertropfen, der im Licht funkelt.
Kein Tropfen ist wichtiger als der andere.

So wie jeder Wassertropfen dazu beitragen kann,
deinen Durst zu stillen,
so schenkt jeder mit Bewusstsein gefüllte Augenblick
deinem Leben Sinn, Erfüllung und Bedeutung.

Mein lieber Mensch, verschwende deine Augenblicke nicht,
sondern wecke deine Sinne und koste jede Minute aus.
Es gibt keine Tätigkeit
und keine Situation, die es nicht wert wäre,
von deinem klaren, leuchtenden Bewusstsein
durchleuchtet zu werden.
Jeder Augenblick in deinem kostbaren Lebensstrom
ist es wert, bewusst gelebt zu werden.

Tauchst du vorbehaltlos in den Augenblick,
fallen alle Sorgen von dir ab …
und es eröffnet sich dir aus der Tiefe heraus
die Dimension des Friedens. …
Tauche in diesen Frieden hinein,
tauche durch diesen Frieden hindurch
in die Zeitlosigkeit, …
in die Ewigkeit. …

Heilsatz: Jeder Augenblick in meinem Leben ist kostbar.
Ich fülle ihn mit meinem reinen Bewusstsein.

96 Der Engel der Einfachheit

Als Engel der Einfachheit zeige ich mich dir heute,
denn dein Leben ist manchmal ganz schön kompliziert. ☺
Deshalb lade ich dich ein:
Komme zurück zur Einfachheit des Lebens.

Mache dir nicht so viele Gedanken über deine Zukunft
oder darüber, was andere Menschen über dich denken.
Verbinde dich wieder mit dem in deinem Leben,
was dir wirklich wichtig ist:
mit dem, was dir Freude macht,
mit Menschen, die dich lieben,
mit der Schönheit der Natur,
mit inspirierenden Gedanken. …

Um zur Einfachheit zurückzukehren
ist es wichtig loszulassen
und sich von dem zu trennen, was zu viel geworden ist.
Lasse vor allem deine Sorgen los,
deine hohen Ansprüche an dich oder andere
und löse dich noch von einem: von deiner Ungeduld.

Beginnst du damit, einfach zu werden,
dann fließt dein Atem tief und ruhig,
körperliche Spannungen lösen sich
und es zeigt sich allmählich wieder
ein sanftes Lächeln in deinem Gesicht.

Und noch eins kann dir helfen,
zur Einfachheit zurückzukehren,
meine liebste Freundin/mein liebster Freund:
Reduziere deine Geschwindigkeit.
Genieße die Langsamkeit bei allem, was du tust
und schenke deinen Handlungen eine freundliche Achtsamkeit.

Ich bin der Engel der Einfachheit.
Gehe mit mir heute durch den Tag.
Wenn du dir nicht sicher bist,
wie du in einer bestimmten Situation handeln sollst,
dann frage mich.
Ich weise dir den Weg zur Einfachheit.

Einfachheit schenkt dir Ruhe, Frieden
und wahres Selbstbewusstsein.

Heilsatz: In der Einfachheit finde ich die Ruhe, die meine Seele leuchten lässt.

97 Der Engel des Ermächtigung

Ich bin der Engel der Ermächtigung.
„Wozu du mich wohl ermächtigen kannst?", höre ich dich fragen.
Ich bringe dir die Ermächtigung, du selbst zu sein
und dich in deinem ganzen Potenzial zu entfalten.
Ist das nicht wunderbar?

Ich bin mir sicher, dass du es bereits weißt oder fühlst:
Du bist nicht nur ein physischer Körper mit einem Verstand,
sondern auch eine lichtvolle Seele.
Spüre, dass dein Seelenkleid größer ist
als dein physischer Körper und sich über deine Hautgrenzen
hinaus in den Raum ausdehnt. …

Finde dich bitte in einem aufrechten Sitz ein.
Ich sende dir ein strahlendes Licht zu deiner Rückseite.
Nimm es vor allem im Bereich deiner Schultern wahr,
denn heute geht es darum, dass du deine Flügel aufspannst.

Ja, du hast richtig gehört. Nicht nur Engel haben Flügel.
Deine Flügel sind in deinem Energiekörper eingefaltet
und du hast die Möglichkeit, sie zu öffnen.

Richte jetzt deine Wirbelsäule auf
und bewege deine Schultern ganz leicht.

Wo befinden sich deine Flügel?
Lassen sie sich vom Rücken her bewegen
oder kleben sie an deiner Rückseite fest?

Es wird dir leichter fallen, deine Flügel aufzuschlagen,
wenn du gut mit der Erde verbunden bist.
Dazu schenke ich dir einen großen Lichtrubin,
den ich in dein Wurzelchakra lege. ...
Erlebe wie sein rotes Feuer in einem gebündelten Lichtstrahl
von deinem Beckenboden in die Erde fließt. ...

Spüre in dein Herzchakra ... und lasse deine Liebe fließen. ...
Damit dir dies besser gelingt, freue ich mich,
wenn ich dir einen rosa Lichtdiamanten
in dein Herzzentrum legen darf,
sodass es sich leichter für die Liebe öffnen kann.
Sprich dazu:

Ich liebe mich. Ich liebe mich. Ich liebe mich.
Ich lasse meine Liebe strömen.

Ich sende dir einen weißen Lichtstrahl zu deiner Rückseite,
der mögliche Verklebungen an deinen Flügeln löst. ...
Spüre wie er sich hin und her bewegt ...
und deinen oberen Rückenbereich freier werden lässt. ...

Bist du nun bereit deine Flügel aufzuschlagen?

Mache eine kleine Bewegung mit deinen Schultern
und erfahre dich in der Spannbreite deiner Flügel. ...

Was verändert sich in dir?

Erlebe dich in deiner Aufrichtung, ...
deiner Verbundenheit zur Erde und zum Himmelsraum.
Nimm die Spannweite deiner Flügel wahr. ...
Spüre dich dabei in deiner spirituellen Kraft. ...

Du bist schön. Du bist machtvoll. Du bist voller Liebe.

Schließe nun die Flügel wieder und öffne sie erneut. ...
Wiederhole dies noch einige Male, ...
sodass es dir auch in anderen Situationen möglich wird,
dich mit ausgebreiteten Flügeln zu erleben.

Du bist ermächtigt, in deiner spirituellen Kraft zu sein.
Du bist ermächtigt, ganz du selbst zu sein.

Heilsatz: Ich schlage meine Flügel auf und bin in meiner spirituellen Kraft.

98 Der Engel des blauen Lichts

Ich bin der Engel des blauen Lichts.
In den Blautönen, die du so gerne magst, stehe ich vor dir. …
Mit meiner blauen Essenz möchte ich dir
Harmonie und Frieden bringen.

Greife mit beiden Händen in mein blaues Energiefeld,
das sich vor dir zeigt. …
Ja, greife richtig hinein, denn schließlich bin ich ein Engel
und du kannst mir nichts fortnehmen. ☺
Ich bin unendlich strömendes, blaues Licht,
das ich dir jetzt zum Geschenk machen möchte.

Bringe das blaue Licht des Friedens nun zu deinem Körper,
indem du eine Hand oberhalb deines Schambeins legst
und die andere Hand an den Übergang des Hinterkopfs zum Nacken.
Lasse das blaue Licht über die Hände in deinen Körper einströmen
und sprich dabei die Worte:

Ich bringe Frieden und Harmonie in meinen physischen Körper.

Wiederhole dies noch zwei weitere Male.

Bringe die Hände zu den Ohren und lasse hier das Licht einfließen.

Ich bringe Frieden und Harmonie in meinen Geist.

Wiederhole dies noch zwei weitere Male.

Schöpfe erneut blaues Licht aus meinem strömenden Quell.
Kreuze anschließend deine Unterarme
und lege beide Hände auf die Brust. …

Ich bringe Frieden und Harmonie in mein Herz.

Wiederhole das noch zwei weitere Male.
Lasse anschließend die Hände dort noch eine Weile ruhen. …
Tauche mit deiner Wahrnehmung in dein inneres Sein
und erlebe von innen heraus deine Harmonie und deinen Frieden. …

Heilsatz: Frieden und Harmonie durchströmen mein Sein.

99 Der Engel des Ankommens

Ich bin der Engel des Ankommens
und ich habe dir die Frage mitgebracht:

Wo bist du jetzt mit deiner Aufmerksamkeit?
Bist du wirklich mit allen deinen Sinnen
in diesem Augenblick?

Geliebter Mensch, ich lade dich ein, ganz präsent zu sein
an dem Ort, an dem du dich gerade befindest. …
Lasse uns gemeinsam ankommen.
Wenn du es erlaubst, setze ich mich neben dich
und berühre dich leicht an deinem Unterarm. …

Mit diesem sanften Kontakt
möchte ich dir den Impuls geben, loszulassen, …
deine Alltagsspannung zu lösen …
und jede Aufregung oder Unsicherheit
mit dem nächsten Ausatemstrom
aus dir herausfließen zu lassen. …
Ich sende dir einen warmen Heilstrom tief aus der Erde. …
Lasse diese Wärme in dir fließen,
sodass sie sich langsam in dir ausbreiten kann,
denn Ankommen, mein lieber Mensch,
lässt sich nur mit warmen Füßen ☺. …

Nimm mit ruhigem Blick deine Umgebung wahr. …
Lasse die Geräusche auf dich wirken
und bleibe dabei in dir verankert. …
Empfinde den Kontakt zum Boden und zur Luft. …
Nimm die Düfte in deiner Umgebung wahr …
und erlebe den Geschmack der Luft. …

Bleibe mit deiner Aufmerksamkeit
in dieser warmen, strömenden Energie verankert …
und erlebe, wie sie sich in dir ausbreitet. …

Breite nun deine Wahrnehmung langsam
über deine Hautgrenzen in den Raum
und erlebe dich in deinem kugeligen Energiefeld. …
Überprüfe, ob es irgendeine Art von Unstimmigkeit in dir gibt,
damit du sie ausatmend fortfließen lassen kannst. …
Bleibe präsent nach innen und nach außen.

Verweile in deiner reinen Präsenz, …
in der nichts anderes geschieht,
als da zu sein in deinem reinen Raum, …
in deiner Stille,
die die ganze Welt um dich herum mit einschließt. …

Du bist angekommen.

Heilsatz: Ich lasse los und komme an - im Augenblick.

100 Der Engel der Vision

Ich bin der Engel der Vision
und ich möchte dich heute daran erinnern,
dass auch in deinem Leben ein Bild von einer Zukunft existiert,
die besser ist als deine heutige Gegenwart.

Welche Vision bestimmt dein Leben? Was möchtest du erreichen?
Was möchtest du loslassen, um all das zu erreichen,
wonach du dich sehnst?

Schenke deiner persönlichen Vision heute Aufmerksamkeit,
lasse dich von ihr in deinem Handeln inspirieren
und vor allem, erfreue dich an ihr. …

Du kannst noch einen Schritt weiter gehen,
wenn du möchtest und dich fragen:

*Wie sieht meine Vision für die Gesellschaft aus,
in der ich lebe, für das Zusammenleben der Menschheit
und für die Weiterentwicklung hier auf dieser Erde?*

Lasse mich deine Stirn kaum merklich berühren, meine liebe Seele,
damit es dir leichter fällt, eine Zukunftsvision entstehen zu lassen,
über das Zusammenleben der Menschen auf der Erde.
Lasse ein Bild in dir entstehen. …
Mache dir bewusst, dass viele Menschen
diese lebensbejahende Vision mit dir teilen. …
Erlebe die Gefühle, die damit verbunden sind. …

Du bist ein Teil dieser Vision.
Jeder Mensch mit einer lebensbejahenden
und liebevollen Vision ist wie ein Licht.
Spüre deine Verbundenheit zu den anderen Lichtern …
und nimm wahr, wie sich Vorfreude und Begeisterung
im Hinblick auf die Vision ausbreiten kann. …

So schaffst du gemeinsam mit anderen Menschen
eine lebenswerte Zukunft.
Danke, meine liebe Seele, für deinen Einsatz.

Heilsatz: Ich trage heute dazu bei, dass *meine* Zukunft und die Zukunft *aller* schön und lebenswert wird.

Fühle dich geführt und geliebt

Das zu diesem Kapitel ausgewählte Bild zeigt eine Landschaft, in der alles von Schnee bedeckt ist. Der Schnee lässt Stille entstehen und steht hier gleichsam für die Stille des Seins. Lässt du dich auf diese Dimension des Lebens ein, erlebst du, dass du nicht allein bist. Ja, es gibt eine spirituelle Welt. Es ist die Welt der Erzengel, Engel, aufgestiegenen Meisterinnen und Meistern, die alle Aspekte der einen großen Liebeskraft sind, die das ganze All durchwebt und für die es so viele Namen gibt einschließlich des Namenlosen.

Mit den folgenden Botschaften laden die Engel dich ein, dich für die spirituellen Aspekte deines Lebens noch weiter zu öffnen. Sie möchten dir zeigen, dass sie für dich da sind und du dir ihres Schutzes und ihrer Führung gewiss sein darfst.

Lebst du die spirituellen Aspekte deines Seins, betreibst du keine Weltflucht, sondern kommst mit deiner Annahme von allem was ist mitten in deinem Leben an.

101 Der Engel der stillen Freude

Ich bin der Engel,
der dir deine stille Freude bewusst macht.
Es ist die Freude, die hinter allen deinen Gefühlen wohnt.
Wenn du sie erleben möchtest, zeige ich dir zwei Wege.
Wenn du magst, probiere sie beide aus.

Wende deine Aufmerksamkeit nach innen
und nimm dich in deiner Stimmung wahr. …
Welches Gefühl bewegt dich? …
Höre deinen Gedanken eine Weile zu. …

Ganz gleich was du jetzt fühlst
oder womit du dich gedanklich beschäftigst,
dringe mit deiner Wahrnehmung hindurch,
in das, was dahinter ist. …

Ziehe so deine Aufmerksamkeit ganz sanft
noch tiefer in dich hinein,
bis du den Raum der Stille in dir entdeckst. …

Lausche, spüre und schaue in diesen Raum hinein …
und wenn du die stille Freude nicht sofort entdeckst,
dann gib dir noch etwas Zeit
und lasse dabei ein leichtes Lächeln auf deinem Gesicht erscheinen.

❋

Es gibt viele Wege, die stille Freude in dir zu entdecken.
Eine weitere Möglichkeit ist,
deine Wahrnehmung in deinem ganzen Körper auszubreiten.
Mache dir dabei bewusst, dass jede Zelle eine kleine Sonne ist,
die leuchtet und in ihre Umgebung strahlt. ...

So wie die große Sonne und die anderen Himmelskörper
still ihr Licht verbreiten, so gibt es in dir
viele kleine Sonnen, ja es gibt ein ganzes Universum
von sich übereinanderlagernden Lichtpunkten.

Wenn du deine Aufmerksamkeit
mit den Milliarden von kleinen Sonnen verbindest,
dich selbst aus ihrem Strahlen erlebst,
dann geschieht dies still.

Tauche hinein in deine stille Freude,
die Freude an deiner lichtvollen Existenz. ...

Heilsatz: Ich strahle – in stiller Freude.

102 Der Engel des Himmelsraums

Ich bin der Engel des Himmelsraums
und möchte dich heute daran erinnern,
dass es in deinem Leben
nicht nur das irdische Element gibt,
sondern auch das himmlische.
Deshalb bringe ich dir die Botschaft,
dass deine Heimat nicht nur die Erde,
sondern auch der Himmel ist.

Du hast nicht nur einen physischen Körper,
sondern auch eine unsterbliche Seele.
Vielleicht tut es dir heute besonders gut,
dir bewusst zu werden, dass du so viel mehr bist
als das, womit du dich in deinem Alltag identifizierst.

Ich mache dich aufmerksam, wie wohltuend es sein kann,
sich aus den gewohnten Abläufen des Alltags zu lösen
und den Blick zum Himmel zu richten.

Ich lade dich ein, in die Natur zu gehen
und wenn dir das nicht möglich ist,
dann stell dich an ein Fenster
und spüre wie deine Füße auf dem Boden stehen. ...
Nimm deinen aufrechten Stand wahr ...
und hebe den Blick zum Himmel. ...

Öffne deine Wahrnehmung für seine Weite und Tiefe. ...
Wenn das Wetter schön ist,
tauche mit deiner Aufmerksamkeit in das Blaue
und lasse alles in dir weit und leicht werden. ...

Ist der Himmel bewölkt, mache dir bewusst,
dass hinter den Wolken immer die Sonne scheint ...
und lasse Freude darüber in dir aufkommen. ...

Falls es Nacht ist, schaue zu den Sternen
und verbinde dich mit dem Licht ferner Galaxien ...
und fühle dich gegrüßt. ...

Bitte lasse dir von mir als Engel des Himmelsraums sagen:
Du bist so viel mehr, als du glaubst.
Du bist eine strahlende Seele in einem wunderbaren Körper.
Du bist ein Wesen des Himmels und der Erde.

Stehe mit beiden Füßen fest auf dem Boden,
spüre die Weite des Himmels über dir
und lasse dich von diesem Augenblick berühren. ...

Heilsatz: Aus der Verbindung mit der Erde öffne ich mich für den Himmel über mir und genieße das Beste aus beiden Welten.

103 Der Engel aller Kerzenlichter[4]

Ich bin der Engel aller Kerzenlichter.
Vielleicht weißt du schon, dass in jeder Kerzenflamme
ein kleiner Engel wohnt, der für dich ganz groß werden kann,
wenn du dich mit ihm verbindest.

Vielleicht hast du jetzt die Möglichkeit,
dir eine Kerze anzuzünden und ihre Flamme zu betrachten.
Falls das nicht möglich sein sollte,
dann visualisiere eine Kerzenflamme vor dir.

Ganz gleich,
ob du in eine echte oder vorgestellte Kerzenflamme blickst,
mache dir ihren sanften Schein bewusst, ...
und wie das Licht dazu beiträgt,
deinen Raum zu erhellen und zu erwärmen. ...

Ich bin der Engel aller Kerzenlichter
und wenn du mich sehen möchtest, dann offenbare ich dir,
dass ich wie eine große Kerzenflamme aussehe.

---

[4] Diese Botschaft findest Du als Youtube-Video unter dem Titel „Der Engel aller Kerzenlichter".

Ich möchte dir mit meinem Erscheinen
Licht, Wärme, Vertrauen und Geborgenheit schenken.
Während du weiterhin in die Flamme schaust
und deinen Blick immer wieder neu darin vertiefst, ...
beginne ich allmählich,
dich mit meiner Flammengestalt zart zu umhüllen, ...
sodass mein Licht und meine für dich wohlige Wärme
sich um dich herum ausbreiten, ...
bis du nach einer Weile vollkommen von mir umstrahlt bist. ...

Lasse meine Wärme wirken ...
und wenn du kannst, öffne dich für den geborgenen, sicheren Raum,
den ich auf diese Weise für dich geschaffen habe. ...

Auch wenn du nach einer Weile
deinen Blick von der Kerzenflamme löst, bleibe ich bei dir.
Verweile in meiner liebevollen Umhüllung,
solange es dir gefällt und dir wohltut.

So schenke ich dir Wärme, Licht und Geborgenheit,
wann immer du es brauchst. ...

✱

Doch ein Geheimnis möchte ich dir verraten:
Auch du kannst wie ein Kerzenlicht für einen Menschen sein,
der Wärme, Licht und Geborgenheit benötigt.
Rufe mich hinzu, sodass ich euch beide unterstützen kann.

Heilsatz: Ich bin umhüllt von Wärme, Licht und Geborgenheit.

104 Der Engel der Leere

Ich bin der Engel der Leere.
Ich komme zu dir, wenn deine Gedanken kreisen
und du nicht weißt, welche Aufgabe
als nächstes erledigt werden sollte,
oder dir die Fülle deiner Aufgaben
und Verpflichtungen zu viel werden.

In diesen Situationen kann es dir helfen,
den Raum der Leere in dir zu finden, um dort innezuhalten.
Ich zeige dir gerne den Weg dorthin.

Aus einer bequemen Sitzhaltung heraus
lasse mit deinem nächsten Ausatemstrom
von deinen Schultern aus körperliche Spannungen
nach unten durch die Füße in den Boden abfließen. ...

Atme tief ein und lasse vom Kopf her alle Spannungen
durch die Länge des Körpers in den Untergrund strömen. ...
Atme ein weiteres Mal tief ein
und lasse alles Belastende von einem Energiezentrum,
das sich 30 cm über deinem Scheitel befindet,
nach unten in die Erde fließen. ...

Lenke anschließend deine Aufmerksamkeit in deinen Körper ...
und lausche in dich hinein. ...
Vielleicht erlebst du eine mentale Anstrengung in dir
oder deine Gedanken bewegen sich auf die eine oder andere Weise,
möchten von dir dies oder das. ...
Höre deinen Gedanken eine Weile zu. ...

Achte nun auf eine Unterbrechung in diesem Gedankenstrom. ...
Bringe deine Aufmerksamkeit in diese Pause,
ganz gleich wie groß sie ist. ...

Als wie lang nimmst du diese Pause wahr?

Taucht zwischendurch ein neuer Gedanke auf,
erwarte sein Ende und werde neugierig auf die nächste Pause. ...

Wie still ist es in dieser Pause?

Lausche tief und mit wachsendem Interesse in die Stille hinein. ...
Mache dir diesen Raum der Leere bewusst, ...
diesen gedankenleeren Raum, der von Stille durchdrungen ist. ...

Wie lange gelingt es dir beim nächsten Mal
in diesem leeren Raum zu verweilen?

Lausche weiter in die Leere dieses Raums,
während du deine ganze Aufmerksamkeit
für die darin wohnende Stille öffnest. ...

Dieser Raum der Leere ist dein heiliger Raum.
Je tiefer du dort ankommst,
umso mehr öffnet sich sein Geheimnis. ...
Tief in diesem leeren Raum, in seiner tiefsten Tiefe,
findest du den Urgrund der Schöpfung als strahlendes Licht.
Ruhe in diesem Schöpfungslicht. ...

❋

Verweile dort so lange, bis mit deinem nächsten Gedanken
die Schöpfung deiner Welt neu entsteht.

Ich bin der Engel der Leere und habe dir
eine Tür zum leeren Raum geöffnet,
zum Raum der Nichtschöpfung,
aus der deine Welt geboren wird.

Heilsatz: Ich genieße die Pause zwischen meinen Gedanken.

105 Der Engel des Ja

Ich bin der Engel des Ja.
Wenn du mich zu dir rufst,
bringe ich dir gute Laune,
öffne dir die Türe zur Freude
und verbinde dich mit deinem Optimismus.

Mein lieber Mensch, du hast dich in letzter Zeit
zu viel mit dem Nein beschäftigt,
mit dem, was du nicht willst,
mit Gegebenheiten, die dich blockieren,
oder mit Ereignissen, die dir nicht guttun.
Doch heute helfe ich dir dabei,
dich für die Kraft des Ja zu öffnen.

Ich möchte dir bewusst machen, dass hinter jedem Nein,
hinter jeder Ablehnung, ein lebendiges Ja steckt.
Doch vielleicht traust du dich noch nicht so recht,
die Kraft des Ja in dir zu entfalten.

Aus diesem Grund bin ich bei dir, um dich zu bitten
deinen Blick auf das zu werfen, wozu du Ja sagen möchtest.
Es gibt so viele Wünsche und Sehnsüchte,
zu denen du Ja sagen kannst.

Welches Ja kommt dir als erstes in den Sinn?

Bitte denke dabei nicht nur an deine großen Wünsche
in Bezug auf Finanzen, Partnerschaft, Familie, Beruf
oder Freundschaften, sondern auch an all das Gute,
das es jetzt schon in deinem Leben gibt.
Auch aus deiner Vergangenheit heraus
ergeben sich viele kraftvolle Ja,
die dich heute in deinem Alltag bereichern.

Lasse mich dich heute begleiten
und dich immer wieder dazu einladen,
dich auf dein Ja zu besinnen bei dem, was du gerade tust.

Ich sage Ja dazu, dass ich jetzt zum Bäcker gehe.
Ich sage Ja dazu, dass ich jetzt die Treppe putze.
Ich sage Ja dazu, dass ich jetzt meine Freundin anrufe.
Ich sage Ja dazu, dass ich mir wünsche ...

Spüre, wie die Kraft des Ja sich als eine Freude in dir entfaltet.

Die Freude entsteht durch das positive Annehmen der Situation,
in der du gerade bist.
Öffne dich immer mehr für dein Ja
und erlebe, wie sich dabei dein Herz öffnet
und Weite und Leichtigkeit in dein Leben einkehren kann.

Ich bin der Engel des Ja
und ich liebe es, neben dir zu gehen.

Heilsatz: Ich sage Ja zu meinem Leben. Ich sage Ja zu diesem Augenblick.

106 Der Engel der Frequenzanhebung

Ich bin der Engel der Frequenzanhebung
und bringe dir eine höhere Schwingung in dein Leben.
Mit der Anhebung deiner Schwingung
öffnen sich die höheren Dimensionen des Lebens für dich.

In diesen höheren Dimensionen leben die Engel
sowie die spirituellen Meisterinnen und Meister.
In diesen Feldern kann der göttliche Geist erfahrbar werden
und Erfahrungsräume des universellen Friedens können sich öffnen.
Erlaubst du es mir, setze ich dir zur Anhebung deiner Schwingung
drei Lichter in deinen Energiekörper. …

Das erste Licht setze ich in dein Wurzelchakra. …
Dieses Licht lässt es in einem wunderschönen Rubinrot leuchten. …
Lasse von hier aus einen Strahl in den Boden fließen
bis zum Mittelpunkt der Erde. …
Bleibe in dieser Verbindung,
während ich dir zwei weitere Lichter in deine Aura setze. …

Das zweite Licht setze ich dir sanft in dein Herzchakra. …
Es leuchtet in einem zarten, hellen Grün
und breitet sich in deinem Herzen aus. …
Das ermöglicht dir, aus deinem seelischen Potenzial heraus
bedingungslose Liebe strömen zu lassen. …

Ein weiteres Licht setze ich in deinen Stirnraum,
der auch der Ort des dritten Auges genannt wird.
Das Licht strahlt in einem hellen Violett,
wodurch es hier so hell werden kann,
dass alle belastenden Gedanken sich auflösen können. …
Erlebe wie dieses Licht deinen Blick auf dich
und die Welt heller und positiver macht. …

Spüre nun vom Stirnraum die Verbindung
zum Mittelpunkt des Kopfs.
Lasse von hier aus einen hellen violetten Lichtstrahl
durch dein Kronenchakra in den Himmel aufsteigen …
und verbinde dich mit der Quelle allen Seins,
die du dir als riesige Sonne vorstellen kannst. …

Erlebe dich jetzt gleichzeitig
in der Verbindung mit diesen drei Lichtern:
Verbunden mit der Erde durch das rote Licht, …
mit dem Himmel über das violette Licht …
und mit deinem grün strömenden Herzchakra,
das bedingungslose Liebe aussendet. …

Wie erlebst du dich in deiner Frequenzanhebung?

Es hat mir Freude gemacht, dir zu dienen.

Heilsatz: Durch die Anbindung an Erde und Himmel sowie die Öffnung meines Herzchakras kann ich mich jederzeit an die höheren Dimensionen des Lebens anschließen. Dafür bin ich dankbar.

107 Der Engel der Selbstheilungskraft

Ich bin der Engel der Selbstheilungskraft.
Gerne zeige ich dir, wie du deine Selbstheilungskräfte weckst.
Lasse mich dir bitte nah sein, damit ich dich
mit meinen Engelhänden berühren kann.

Bist du bereit, Heilung in dein Leben kommen zu lassen? …
Wo darf ich dich jetzt mit meinen heilenden Händen berühren? …

Spüre wie ich ganz sanft
meine Lichthände auf diesen Bereich lege. …
Meine Hände strahlen heilendes Licht in diese Körperpartie …
und vielleicht kannst du sogar die Farbe des Lichts
erkennen oder erahnen. …

Ich lasse meine Hände so lange dort liegen, wie du es wünschst. …
Bleibe mit deiner Aufmerksamkeit in diesem Heilungsgeschehen …
und lasse es zu, dass du dich entspannst …
und Ruhe sich in dir ausbreiten kann. …

❋

Wenn nach einer Weile
dieser Heilprozess für dich abgeschlossen scheint,
lege bitte deine Hände mit den Handinnenflächen nach oben
auf deine Oberschenkel. …

Ich lege meine Hände ganz zart auf die deinen …
und öffne auf diese Weise deine Handchakren, …
sodass du nach einer kurzen Zeit ein zartes, warmes Strömen
in deinen Händen wahrnehmen kannst. …
Erlebe, dass auch du Heilhände hast. …

Lege nun eine Hand auf deinen Bauch
und die andere auf dein Herz. …
Ich lege meine Hände ganz zart auf deine Handrücken.
So lassen wir gemeinsam weitere Heilenergie
in deinen Körper fließen
und füllen ihn mit deinen Seelenfarben auf, …
sodass du gesund und heil auf allen Ebenen werden kannst. …

Setze mit mir das heilende Strömen so lange fort,
wie du es magst. …

❋

Du kannst die Kraft der Selbstheilung über deine Hände
immer wieder aktivieren, denn du hast Heilhände.
Möchtest du in Zukunft meine Heilhände hinzunehmen,
wird es mir eine Freude sein.

Heilsatz: Meine Hände heilen mich.

108 Der Engel der Verbundenheit

Ich bin der Engel der Verbundenheit
und biete dir achtsame Begleitung und Freundschaft an.

Verbindest du dich mit mir,
wirst du meine Liebe spüren, die unentwegt zu dir strömt. …
Öffnest du dich für diese Liebe und sei es auch nicht viel,
weil du noch Zeit brauchst, dich für meine Realität zu öffnen,
wirst du doch merken,
dass sich ganz leicht etwas in dir verändert.

Vielleicht spürst du meine Anwesenheit dadurch,
dass sich etwas in dir beruhigt …
oder dass du einen Hauch oder mehr
von meiner Liebe empfangen kannst. …

Wenn du nach einer Weile bereit bist,
Verbundenheit zwischen mir und dir zuzulassen,
öffne dein Herzchakra.
Das bedeutet, dass du dich für die Liebe öffnest,
die in deinem Herzen wohnt. …

In jedem Herzen gibt es bedingungslose Liebe,
eine Liebe, mit der du in der Welt bist.
Das ist eine Liebe, die keine Gegenleistung verlangt,
sie wohnt in dir wie ein strahlendes Licht.

Ich sende dir meine bedingungslose Liebe ...
und wenn du es möchtest,
öffnest du dich für deine bedingungslose Liebe,
sodass dein Herz noch mehr zu strahlen beginnt. ...

Verbinde dich jetzt
über das liebevolle Strahlen deines Herzens
mit dem Strahlen aller anderen Menschen,
die sich für diese Liebe geöffnet haben. ...
Erlebe, wie auf diese Weise ein lichtvolles Netzwerk entsteht,
das sich über die ganze Welt ausbreitet. ...
Erlebe dich als Licht in diesem Netzwerk der Liebe. ...

Ich bin der Engel der Verbundenheit und danke dir
und allen anderen Menschen für diese Erfahrung.
Mit diesem Netzwerk heilt ihr euch selbst,
ihr bringt Frieden auf die Welt
und tragt zur Heilung der Erde bei.

Heilsatz: Mit meiner bedingungslosen Liebe verbinde ich mich
mit allen anderen Liebenden. Gemeinsam heilen wir die Welt.

109 Der Engel des heilenden Lichts

Ich bin der Engel des heilenden Lichts.
Vor dir erstrahle ich in allen Farben des Universums. ...

Meine liebste Freundin/mein liebster Freund,
was kann ich heute für dich tun?
Hast du körperliche Schmerzen?
Ist ein Organ erkrankt?
Oder hast du einen seelischen Schmerz,
irgendeine Art des Unbehagens,
weil sich nicht alles so entwickelt hat,
wie du es dir gewünscht hast?

Ganz gleich, welcher Art der Heilung du bedarfst,
ich bin für dich da und sende dir mein Mitgefühl. ...
Konzentriere dich jetzt entweder auf einen körperlichen
oder einen seelischen Bereich, in dem es ein Unwohlsein gibt. ...
Schaue zu mir und lasse die Farben,
in denen ich für dich leuchte, wirken. ..
Wähle ein farbiges Licht aus, das dir jetzt wohltut. ...
Atme dieses Licht ein
und bringe es zum Ort deines Ungleichgewichts. ...
Atme das Licht dort aus und lasse mein heilendes Licht
durch diesen ganzen Bereich strahlen. ...
Atme in dein Ungleichgewicht, in deinen Schmerz,
in das Erkrankte oder in das Unwohlsein hinein. ...

Und atme all dies sanft aus.
Lasse es in meinen Engelkörper wehen,
damit es sich in meinem Licht auflösen kann. …

Setze diese vier Schritte fort:
- Nimm im Einatem mein farbiges Licht auf,
  das dir jetzt guttut und führe es in den Bereich,
  der Unterstützung braucht.
- Im Ausatem lasse den Farbstrom hier wirken,
  sodass dieser Bereich sich reinigt, gestärkt wird und heilen kann.
- Atme in das Belastende hinein.
- Atme es in meinen Engelkörper aus.
  Bleibe mit mir in dieser Übung, bis es dir besser geht. …

Liebste Freundin/liebster Freund, ich danke dafür,
dass du deiner Heilung diese Zeit gewidmet hast.
Rufe mich, wann immer du mich brauchst.

Heilsatz: Heilung ist immer möglich. Ich lasse Heilung geschehen.

110 Der Engel des Geschenks

Ich bin der Engel des Geschenks.
Vielleicht hoffst du im ersten Hören meines Namens,
dass ich dir reiche Gaben überbringe.
Doch so ist es nicht gedacht,
denn ich bringe dir die Botschaft,
dass du selbst ein Geschenk bist.

Die ganze Welt hat dich zum Geschenk erhalten,
als du geboren wurdest.
Ganz gleich wie die Umstände deiner Geburt waren,
wir Engel freuen uns sehr,
dass du dich in dieser Welt verkörpert hast.

Nicht nur wir Engel, sondern auch andere weise Seelen
waren bei deiner Geburt dabei.
Wir haben dich als kleinen Erdenmenschen herzlich begrüßt.
Wir haben uns gefreut,
dass du dich für dieses Leben entschieden hast.
Wir haben gejubelt und deine Ankunft gefeiert.

Von diesem Tag an
sind wir Engel nie von deiner Seite gewichen,
auch wenn dir dies nicht immer bewusst war.
Wir sind froh, stolz und glücklich,
dass du die/der bist, die/der du bist.

Du bist ein einzigartiges Licht in dieser Welt,
ein wunderbarer, einmaliger Mensch,
dafür lieben und ehren wir dich.

Vielleicht hast du manchmal in deinem Leben das Gefühl,
du müsstest viel leisten, um die Liebe und Anerkennung
bestimmter Menschen zu gewinnen,
du müsstest dich anstrengen, dir Lasten aufladen
und dienen, um einen Wert in dieser Welt zu haben.
Doch halt! Das ist ein Missverständnis.

Wir Engel freuen uns darüber, wenn du glücklich bist
und dich kreativ in deinem Leben ausdrückst,
damit sich deine wunderbaren Eigenschaften und Stärken zeigen.
Doch auch wenn du nichts tust,
wenn du nur da bist und dich des Lebens freust,
darfst du dir deines eigenen Wertes
und deiner eigenen Bedeutung bewusst sein.

Du bist wertvoll und liebenswert aus dir selbst heraus.
Gehe weiter deinen Weg und sei dir unserer Liebe bewusst.
Für uns Engel bist du ein Geschenk.
So ist es und so wird es immer bleiben.

Sei auch du dir ein Geschenk,
indem du beginnst, deinen Wert zu spüren und anzuerkennen,
den du schon immer hattest und beginne aus ihm heraus zu leben.

Danke, dass es dich gibt.

Heilsatz: Ich bin mir selbst ein Geschenk.

111 Der Engel der Gnade

Ich bin der Engel der Gnade.
Rufe mich, wenn du nicht mehr weiter weißt,
dein Leben stagniert,
du eine erschreckende Nachricht erhalten hast
oder du ein Problem hast, bei dem du nicht weiter weißt.
Ich bin für dich da, bin stets zur Stelle mit meinem Mitgefühl.
Ich bin der Engel der Gnade und bei dir,
wenn nichts mehr zu helfen scheint.
Bist du jetzt bereit, Gnade fließen zu lassen?

Setze dich bequem und aufrecht hin
und verbinde dich über goldene Wurzeln mit der Erde. …
Lasse die Kraft der Erde in dich einströmen …
und dein Herz erreichen, sodass es sich getragen fühlt. …

Spüre in dein Herz, auch dann, wenn du dort Kummer
oder Angst wahrnehmen solltest. ...
Öffne dich für den heiligen Ort in deinem Herzen,
betritt die heilige Halle in dir, in der es immer Frieden,
Liebe und Freundlichkeit gibt. ...

Lasse einen Lichtstrahl vom Herzraum
zum Scheitelpunkt deines Kopfes aufsteigen.
Öffne damit dein Kronenchakra. ...
Dabei hilft es dir, an eine Lichtkrone zu denken,
die du auf deinem Haupt trägst. ...

Nun sind wir Gnadenengel bereit,
den Strom der Gnade vom Himmel abwärts fließen zu lassen.
Empfange ihn durch dein Kronenchakra,
lasse ihn in deinem Herzen wirken
und im ganzen Körper bis in die Erde hinein. ...

Bleibe im Strom der Gnade und lasse dich verwandeln. ...
Der Strom der Gnade ist größer
als dein Denken und dein Verstehen.
Lasse das jetzt in dir geschehen, was zu deinem Besten
und zum Wohle aller jetzt geschehen darf. ...

Wandlung geschieht durch Loslassen.

Heilsatz: Ich öffne mich für den Strom der Gnade.

„Sie kommen immer durch den aufgebrochenen Himmel,
die friedlichen Schwingen ausgebreitet ... "
(William Shakespeare)

4. Freundschaft mit Engeln

Engel sind deine Freundinnen und Freunde aus der geistigen Welt. Es gibt viele Möglichkeiten mit ihnen im Alltag zusammen zu sein. Je vertrauter dir der Umgang mit den Engeln wird, umso freier kannst du sie in dein Leben einbinden.

Die 111 Engel in Alltagssituationen einbeziehen

Hast du nach einer Weile Erfahrungen mit den Engeln gesammelt, dann wird es für dich immer selbstverständlicher die Engel in deinen Alltag mit einzubeziehen.
Rufe in bestimmten Situationen einen Engel zu dir, indem du z. B. sagst oder denkst: „Ich rufe jetzt den Engel der Einfachheit in mein Leben." Öffne deine Wahrnehmung für die Engelkraft und nimm wahr, was sich verändert.

Allgemeine Anrufung

Du kannst die Engel auch allgemein um Hilfe bitten: „Ich bitte die Engel um Unterstützung bei meiner Gehaltsverhandlung." Du kannst sicher sein, dass immer die Engel zu dir kommen werden, die dir am besten helfen können. Wenn ich zum Beispiel beim Autofahren in eine brenzlige Situation komme, rufe ich: „Engel hilf". Ich danke den Engeln sehr, dass bis heute jede dieser Situationen gut ausgegangen ist.

Sich bei den Engeln bedanken

Für jede Situation, in der ich mich an die Engel gewendet habe, bedanke ich mich: „Ich danke euch für Schutz und Führung." Durch Gefühle der Dankbarkeit wird mir leicht ums Herz und es entsteht eine natürliche Freude im Umgang mit den Engeln.

In einer Gruppe meditieren

Es ist leichter mit den Engeln in Kontakt zu kommen, wenn einige der Engelbotschaften, die in eine Meditation führen, in einer Gruppe geübt werden. Durch die gemeinsame Konzentration entsteht ein starkes Feld der Stille, wodurch das Tor zu den Engeln leichter geöffnet werden kann.

„Denn er hat seinen Engeln befohlen über dir zu wachen,
dass sie dich behüten auf allen deinen Wegen."
(Psalm 91,11)

5. Fragen und Antworten

Viele Menschen sehnen sich nach einem intensiven Verhältnis zu den Engeln. Mit den folgenden Fragen und Antworten meiner Klientinnen und Klienten möchte ich dir u. a. aufzeigen, wie du anfängliche Hindernisse in der Kommunikation mit einem Engel überwinden kannst.

Welche Bedeutung hat die Zahl 111?

In der Numerologie steht die Zahl 111 für einen vollkommenen Energiefluss oder einen neubeginnenden Zyklus.[5] Wenn ich die 11, die 111 oder die 1111 in meinem Alltagsleben entdecke, beispielsweise als Uhrzeit, als Kilometerangabe oder Zahlbetrag im Supermarkt, weiß ich, dass die Engel mir nahe sind und ich antworte ihnen innerlich: „Danke, Engel, dass ihr bei mir seid." Das vermittelt mir ein Gefühl der Verbundenheit und des Beschütztseins.

Ich lese die Engelbotschaften und spüre nichts. Wie kann ich es schaffen, mit den Engeln in einen echten Kontakt zu kommen?

Bist du in deinem Alltag von Hast und Ungeduld getrieben, dann wirst du einige Momente brauchen, um zur Ruhe zu kommen. Lese dir noch einmal die Anleitung durch und achte vor allem auf deine Verbindung zur Erde und zum Himmel. Höre die Worte in deinem Herzen und nimm dir Zeit, dich einzulassen. Dadurch wird es dir leichter fallen, die Worte des Engels in deinem Herzen zu spüren. Empfehlenswert ist es, mit dem Engel der Frequenzerhöhung zu üben, damit du lernst, dich selbst in eine höhere Schwingung zu versetzen.

Ich habe diese Frage den Engeln vorgelegt und so haben sie mir geantwortet: „Liebste, wir Engel sind stets um dich und unsere einzige Aufgabe ist es, dich zu unterstützen. Manche Menschen können sich nicht vorstellen, dass es eine Energie im Universum gibt, die bedingungslos liebt. Wir Engel vermitteln diese liebende Energie auf unterschiedlichen Ebenen und zu vielen Themen. Frage dich: Was würde es für dein Leben bedeuten, wenn du mit uns Engeln verbunden wärst? Was macht dir möglicherweise Angst? Warum ist es in deinem Leben wichtig, dass dein Verstand über Engel urteilt und dir so den Weg zu uns verwehrt? Lasse dich auch bei der Heilung dieser Themen von uns unterstützen. Vielleicht tut dir jedoch auch das Gespräch mit Menschen gut, die diese Hindernisse bereits überwunden haben.

Sobald ich mich hinsetze und nach innen spüre, um den Worten der Engel zu lauschen, werde ich so müde, sodass ich einschlafen könnte. Was kann ich anders machen?

Bringe dich in Bewegung, bevor du dich hinsetzt. Vielleicht magst du einige Yogahaltungen üben oder durch den Raum tanzen.

---

[5] vgl. Drunvalo Melchizedek, Die Schlange des Lichts, Burgrain 2008

Es kann auch sein, dass es dir im Kontakt mit einem Engel hilft, die Augen geöffnet zu halten. Falls du noch müde werden solltest, bewege leicht deine Zehen, um dich wach zu halten. Vielleicht liegt deine Müdigkeit auch daran, dass du erschöpft bist und dein Körper sich über die Möglichkeit einzuschlafen freut, um neue Energie zu schöpfen.

Kann es sein, dass ein Engel mit mir schimpft?

Engel bringen dir Liebe und Unterstützung aus der geistigen Welt. Es gibt keine Engel, die mit dir schimpfen. Es kann wohl sein, dass Engel dich auf eine Gefahr hinweisen, wenn du einen bestimmten Weg weitergehst. Ihre Worte sind jedoch immer liebe- und respektvoll gegenüber deiner Entscheidungsfreiheit.

Wenn du also in dir eine Stimme wahrnimmst, die mit dir schimpft, dann ist das möglicherweise ein Aspekt deiner eigenen Persönlichkeit. Jeder Mensch hat einen inneren Kritiker in sich, der negativ bewertet. Bitte in diesem Fall die Engel darum, den Konflikt mit deiner kritisierenden Seite zu lösen.

Mir gelingt es nicht, innere Bilder zu sehen. Heißt das, dass ich nicht mit den Engeln in Kontakt treten kann?

Wir haben als Menschen nicht nur unsere äußeren Sinne. Auf dem spirituellen Weg entfalten wir unsere inneren Sinne. Das heißt, wir können feinstoffliche Wirklichkeiten sehen, hören, fühlen, riechen, schmecken, sie ganzheitlich erkennen oder um sie wissen. Jeder Mensch hat dabei andere Stärken.

Die meisten Menschen, die ich kenne, kommen über das Fühlen mit den Engeln in Kontakt. Sie merken, dass sich etwas in ihrer direkten Umgebung ändert oder sie fühlen sich sanft berührt. Sie haben vielleicht ein Wärmeerlebnis oder empfinden ein Kribbeln im Körper. Bei anderen Menschen liegt der hauptsächliche Zugang darin, eine Botschaft zu erhalten. Vielleicht ist das Hören der Engel wie ein ganz leiser Gedanke in deinem Kopf. Andere wiederum können mit geschlossenen oder geöffneten Augen Farben und Formen im Raum wahrnehmen. Lasse deine Sorgen los, denn auch du wirst deinen ganz persönlichen Zugang zu den Engeln entwickeln.

Das Wichtigste ist deine Erdung, eine erwartungslose Einstellung und die Beachtung von kleinen Unterschieden bei dem, was du wahrnimmst. Eine regelmäßige Übungspraxis wird dir mehr Sicherheit vermitteln.

Was ist der Unterschied zwischen einer Fantasiereise und einer Engelmeditation?

Sowohl bei der Fantasiereise als auch bei vielen der hier vorgestellten Engelbotschaften, die dich in eine Meditation führen, setzt du zunächst deine Vorstellungskraft ein. Doch wenn du mit einem Engel in Kontakt kommen möchtest, verlässt du die Ebene der Vorstellung und öffnest deine feinen Sinne. Du nimmst unmittelbar wahr, dass sich etwas in deinem Umfeld verändert. Das wird dir leichter gelingen, wenn du dich durch eine klare Intention mit den Engeln verbindest wie „Ich verbinde mich mit dem Engel der Leichtigkeit." Nimm dir Zeit, deinen Wahrnehmungen zu vertrauen.

Kann man lernen, Engel zu sehen?

Wenn du Kontakt zu Engeln über dein Fühlen, Wissen oder Hören hast oder vielleicht auch über dein Riechen, kann es sein, dass bei längerer Übungspraxis sich auch der Sehsinn einschaltet.

Auch wenn das nicht der Fall sein sollte, mache dir bitte bewusst, dass jeder dieser feinen Sinne gleichwertig ist. Es ist kulturell bedingt, dass wir das Sehen überbewerten.

Ich kann mir nicht vorstellen, dass es Engel gibt, obwohl ich es mir wünschen würde. Sind Engel vielleicht eine Einbildung?

Vielleicht hilft dir folgender Gedankengang: Es ist völlig in Ordnung, dass dein Verstand es nicht akzeptieren kann, dass es Erfahrungen außerhalb seiner Reichweite gibt. Der Verstand möchte alles analysieren und Vorgänge kontrollieren, das ist seine Aufgabe.

Der Verstand ist jedoch nur ein Teil von dir. Deine Seele ist viel größer und umfasst den Verstand. Das heißt jedoch nicht, dass der Verstand nicht wichtig wäre, denn er ist ein verlässlicher Partner, den du zur Bewältigung deines Alltags brauchst. Auch wenn dein Verstand sich gegenüber spirituellen Erfahrungen wehrt und sie abwertet, heißt das nicht, dass sie nicht doch für dich einen Wert haben können.

Am liebsten möchte ich für immer im Reich der Engel bleiben. Das erschreckt mich, was soll ich tun?

Gerade Menschen, die eine feine Wahrnehmung für die Engel entwickelt haben oder mit einer solchen schon auf die Welt gekommen sind, sehnen sich danach, immer im Frieden mit den Engeln zu bleiben. Durch intensive Engelerfahrungen verlassen wir die Ebene der Polarität und unsere Seele schwingt sich in ein unermessliches Feld von Freude und Glück ein. Wer diese Erfahrung einmal oder mehrmals gemacht hat, wünscht sich manchmal immer auf dieser Ebene des Seins zu verweilen.

Doch wir Menschen haben uns für eine Inkarnation auf dieser Erde entschieden, um hier unsere Aufgabe zu erfüllen, unser Potenzial zu öffnen und uns seelisch weiterzuentwickeln. Die Engel sind dabei unsere Freunde, Begleiterinnen und Überbringer von universeller Weisheit.

Eine Lösung ist es, dich stärker mit der Erde zu verbinden. Schaue dir die Botschaft des Engels des Lichtbaums an. Mit seiner Hilfe kannst du erleben wie es ist, in der Erde verwurzelt und doch geöffnet zu sein für die spirituellen Dimensionen des Lebens.

Weiterhin ist es wichtig, dass du dir für dein Leben Ziele setzt, die dich und vielleicht auch deine Mitmenschen beglücken.

Ist es nicht besser, wenn ich mich mit meinen Alltagssorgen an Gott selbst wende?

Hinter jedem dieser 111 Engel steht ein Erzengel. Hinter den Erzengeln stehen weitere, noch mächtigere Engel. Doch hinter allem steht die eine große Licht- und Liebeskraft, die das ganze Universum durchwirkt. Selbstverständlich kannst du dich mit jeder deiner Bitten um Unterstützung direkt an die Quelle allen Seins wenden. Doch viele Menschen erleben es als einfacher, einen Kontakt zu Engeln herzustellen und ihre Hilfe anzunehmen. Sie sind die Boten des Göttlichen im Kleinen und im Großen.

Literaturverzeichnis

- Avila von, Teresa; Erika Lorenz (Hg.), „Ich bin ein Weib – und obendrein kein gutes": Eine große Frau, eine faszinierende Mystikerin, Freiburg 2012

- Brennan, Barbara Ann, Licht-Arbeit - Heilen mit Energiefeldern, München 1998

- Melchizedek, Drunvalo, Die Schlange des Lichts, Burgrain 2008

- Stelzl, Diethard, Spirituelles Heilen, Band 1 + 2, Darmstadt 2006

Zur Autorin

Sabine Fels ist 1961 geboren und im Ruhrgebiet aufgewachsen. Nach einer kaufmännischen Berufsausbildung studierte sie Wirtschaftswissenschaften in Essen und ist Diplom-Volkswirtin volkswirtschaftlich-sozialwissenschaftlicher Richtung. 10 Jahre hatte sie Lehraufträge in Erziehungswissenschaften.

Schon während ihres Studiums absolvierte sie eine Ausbildung zur Yogalehrerin (BDY/EYU) und unterrichtet seitdem für die Yogagruppe Essen. Viele Jahre ging sie den Weg des Zen. Sie bildete sich psychologisch auf eine vielfältige Weise fort. Besonders prägte sie ihre Arbeit am eigenen Weg im Rahmen der Initiatischen Therapie in Todtmoos-Rütte.

Sie arbeitet heute im Ruhrgebiet als Gestalttherapeutin, Supervisorin und Coach. Durch eine Lebenskrise öffneten sich ihre feinen Sinnen, wodurch ihre Hellsichtigkeit zunahm. Sie ließ sich im geistigen Heilen ausbilden. Seitdem arbeitet sie auch als spirituelle Therapeutin und integriert auf diese Weise ihre vielfältigen Fähigkeiten. Ihr besonderes Interesse gilt der Verbindung von Psychotherapie und Spiritualität.

Sie schreibt Bücher über die Botschaften der Engel und andere spirituelle Themen. Weiterhin veröffentlicht sie meditative Bilderbücher und Apps. 2014 gründete sie den Lichtdiamant-Verlag.

Lichtdiamant-Verlag
Geschenke für die Seele

Engelbücher:

iBooks:

CDs:

Notizbuch-Reihe Erzengel

Erzengel Michael: „Rufe mich, wenn du Schutz brauchst."

Erzengel Gabriel: „Ich segne dich mit der Kraft des Neuanfangs."

Erzengel Jophiel: „Freue dich über die Schönheit, die dir überall begegnet."

Erzengel Raphael: „Ich stärke deine Kraft, dich selbst zu heilen."

Erzengel Chamuel: „Ich sende dir meine bedingungslose Liebe."

Erzengel Metatron: „Lasse los und öffne dich für die Freude am Leben."

Erzengel Uriel: „Ich segne dich mit Gesundheit, Weisheit und Kreativität."

Erzengel Zadkiel: „Ich weise dir den Weg zum Frieden."

Notizbuch-Reihe Engel

Engel begleiten dich

Engel lieben dich

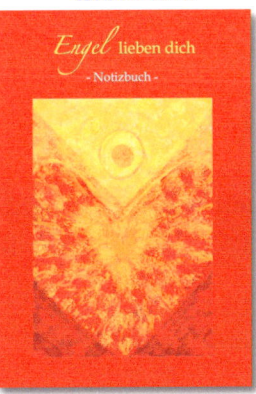

Engel segnen dich

Engel beschützen dich

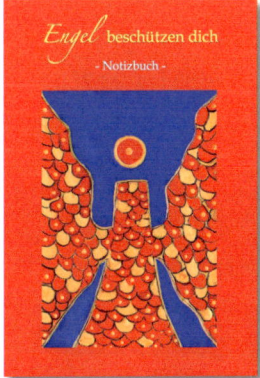

Das heilende Licht der Engel

Ein Meditations- und Arbeitsbuch

34 Engel auf großformatigen Bildern bringen Ihnen lichtvolle Botschaften. In den Meditationen lässt das Licht der Engel einen heilsamen Raum entstehen, in dem Ihr Körper, Ihr Geist und Ihre Seele sich erholen und Sie neue Kräfte schöpfen können. Jeder Engel spricht persönlich zu Ihnen und lädt Sie ein, den Kontakt zu ihm zu vertiefen. Die Engel können Sie auf vielfältige Weise unterstützen.

Zu jeder Engelbotschaft gehören Affirmationen, eine Reflexion und eine Aufgabe, die es Ihnen erleichtern werden, Fortschritte auf Ihrem spirituellen Weg zu machen.

Eine Leseprobe gibt es auf www.lichtdiamant-verlag.de.

DIN A4; 243 Seiten; 29,90 €; ISBN 978-3-945485-20-0

Liebe Leserin, lieber Leser,

gerne können Sie der Autorin Ihre Engelerlebnisse mitteilen. Nutzen Sie dazu die Kommentarfunktion des Blogs *Spirituelle Welten*, den Sie unter www.lichtdiamant-verlag.de finden. Dort können Sie auch Fragen zu Engeln an die Autorin richten.

Besuchen Sie uns bei Facebook:
www.facebook.com/LichtdiamantVerlag

Engelbotschaften erhalten Sie auf www.twitter.com/HundertelfEngel.